Techniques for Learning

How to Make Yourself Irreplaceable at Work after 40

打造年過40仍是「公司不可或缺的人才」價值的

學習的技術

40歳を過ぎても
「会社に必要とされる人」
でいるための学ぶ技術

石田 淳
Jun Ishida
賴郁婷 譯

目次

序章　為什麼如今需要學習的技術？

1章　課長世代的將來岌岌可危

2章 精準找出自己的「學習目的」

3章

擬定可輕鬆達成的學習計畫

終章　持續終生學習的十五個心得

序章

為什麼如今需要學習的技術？

本書是為三十至四十歲、認為「自己既然身為商務人士，當然應該持續不斷學習」、「自以為對業界的最新話題瞭若指掌」的商務人士所寫。

如今這個時代，「學習」已經不再只是學生或從事研究工作的人該做的事。在商務現場累積了某種程度的經驗、以第一線兼任管理職的身分（Playing Manager）每日忙碌於工作上的人，更應該重新以不同的角度來看待「學習方法」。

因為，在接下來的時代，商務人士的市場價值，已經不再像過去一樣愈來愈重要了。

這幾年，無論哪一種產業，商業環境都面臨到嚴峻的轉變。如今就算是頂尖的優秀人才，假使過於安逸，只消一兩年的時間，能力就會逐漸走向陳腐。過去那個只要累積經驗，薪水和頭銜就會跟著水漲船高的時代，老早就已經結束了。

當然，正在閱讀本書的各位，想必應該也很清楚這個道理。不過，現階段業績表現優異的人，都會因為眼前的工作忙得不可開交。這些人通常都肩負著下屬的養成與管理等高挑戰性的工作，同時還得兼顧提升自己的業績表現。

這個時候非常重要的是，如果只是茫然地認為自己「必須努力」，將會被每天做不完的工作追著跑，最後被吞噬在龐大的工作量當中。就算以為自己正在累積全新的經驗，事實上只是不斷重複同樣的工作，完全無法學習到與時俱進的全新知識……想必很多人應該都對這種困境心知肚明吧。

再這樣下去，不僅得不到上司的肯定，甚至會成為下屬或後進口中「只會靠著一些舊知識做事，其實完全跟不上時代的大叔（大嬸）」等揶揄的對象。一旦淪落至此，最後可能就算想轉換跑道也無能為力了。

最重要的是窮究「學習的方法」

那麼，究竟該怎麼做，才能避免這種沒有希望的將來呢？

在這種時候，重要的並不是知道自己該學習什麼，例如「英文能力在接下來的全球化社會當中非常重要」、「不對，應該先學程式設計」、「還是應該取得MBA（工商管理碩士）學位才對」。因為，工作必備的知識，是以超乎想像的快速不斷在變化。比起知道自己該學習什麼，更重要的是在忙碌的生活中，找到有效率，且能夠持續不斷的學習方法。而且這種學習，和學生時代的學習，必須要是不同的方法。

因此，我將在接下來的內容中，透過自己長年實踐的行為科學管理方法，為各位一一解說哪些是適合三十至四十歲所謂壯年期的人，應該要知道的「學習的技術」。

「勞動方式改革」透露出的不願面對的真相

在進入主題之前，我想先就各位目前所處的社會環境變化提出四個重點，用來說明為什麼現在的商務人士需要培養「學習的技術」。

首先第一個要提到的，是政府如今主導推動的「勞動方式改革」。

面對這項改革，所有商務人士都必須做好覺悟。改革一旦推動，工作時間會縮短，休假相對變得比以前容易，工作和生活之間的平衡也能獲得改善。不過另一方面，這時候「提高產能」當然就成為必備的能力。也就是在較短的工作時間內，達到更高的業績表現。

首相安倍晉三宣告將「推動同工同酬，徹底解決非正式雇用的問題」。這對過去和正職員工做同樣的工作、卻領不同薪水的兼職員工來說，無疑是一劑強心針。

只不過，從正式員工的角度來看卻完全相反，會認為這項改革剝奪了自己的既得利益。所謂正式員工的既得利益，指的就是「我們背負的工作責任和兼職員工不同，領取較高的薪資也是理所當然」的觀念。

過去的企業，尤其是日本的大型企業，一直都嚴守年功序列制，員工可以在制度下逐步晉升。在金字塔形的企業組織當中，組長的上面有課長，課長的上面還有部長，愈上層的人，擁有的權限愈多，相對要負擔的責任也愈大。

但是冷靜想想，這些人真的都有盡到他們的責任嗎？老實說，每一間公司都有人只是坐擁頭銜，卻沒有盡到相對的工作和責任。

不過即便如此，公司還是能照常運作，原因就是因為，很多時候都是「累積的經驗」發揮了作用。

舉例來說，假設Ａ、Ｂ兩家公司有合作關係。這時候，雙方的資深員工大多會彼此熟悉，因此出現「只要有某某人在，做起事來就會順利許多」的情況。

在這種情況下，就很難講求同工同酬。但即便如此，安倍晉三仍公開表示要努力推動實現「勞動方式改革」，原因就是因為不以年資、改以產能為標準來評斷員工價值的作法，如今已經漸漸可行了。不，或許應該是說不得不這麼做。

年資和伴隨而來的頭銜等，都已經不再重要。如今已經來到所有員工站在「平等」的基礎上接受評價的時代了。

工作型態朝職務型轉變

第二個要關注的變化，是工作型態的轉變。過去對企業利益來說，員工的雇用方式、階級、頭銜等，並沒有太大的意義。企業在乎的是比起賣出一百個產品，賣出兩百個的獲利更大。這樣的企業，期望的是產能可以不斷提升。不過雖然這麼期望，卻一直無法達到，所以如今才會積極地想透過「勞動方式改革」來實現。

那麼，假使想在接下來的時代中提升產能，企業該採取什麼方法呢？

如果只是「期望每一個員工專注於提升自我技能，繼而為公司付出」，這種想法未免過度樂觀。現在的環境，已經不容許企業再說出這種沒有危機意識的話了。

接下來的企業所需要的，是做到「作業標準化」。也就是每一項工作無論由誰來做，都能達到同樣的成果。

過去的日本企業，採取的都是「職能型」的工作型態，也就是由某人專責某項工作。在公司裡，某些工作只能由固定的某些人來做（並非實際上真的有這樣的工作，而是一直以來都被視為如此）。這些人的工作能力會隨著年齡不斷提升（這一點也和現實不符），正因為如此，年功序列制的終身雇用才得以實現。

然而，這種作法老早就面臨淘汰。許多企業都已經紛紛開始轉為「職務型」的工作型態，也就是將工作指派給人。換言之，企業不再期待員工個人的能力，而是單就員工完成的工作，給予直接的報酬。

更何況，隨著人工智能的發展，一旦工作可以交由機械和軟體來執行，各位過去所累積的工作知識，恐怕不再佔有優勢。在接下來的時代，「專人負責的工作」遲早一定會大幅銳減。

「可以完成多少工作」才是接下來的重點

一旦工作型態從過去的「職能型」轉變為「職務型」之後，給薪方式也會跟著改變。

員工的薪資不再是依據年資和頭銜來決定，而是以職務別來決定。也就是完成多少工作，就領取多少報酬。

以醫院為例，這是一個職務給薪制落實得最徹底的工作環境。在綜合醫院裡，有外科醫師、麻醉醫師、牙醫師、護理師、藥劑師、醫事放射師、營養師等各種負責專門職務的人。麻醉醫師不可能代替外科醫師為病患動手術，藥劑師也不會去替患者換藥。每個人都是做自己的工作，領取對價的職務給薪。

現在一般企業也開始採取類似的模式，除了依照職務給予評價以外，就連過去被視為「立場和薪資都相對較高」的管理階級，也漸漸被當成一種專業職務來評價了。尤其是優秀的專業技術人才佔有競爭優勢的科技公司，如今管理階級也被視為是一種「團隊運作專家」，所受的待遇和其他專業職務相同。

一旦這樣的企業愈來愈多，每一種職務的職務說明（職務描述書。一種說明執行職務所必備的技能、知識和行為的資料）也會愈來愈清楚。今後的世界，或許會漸漸變成無關年紀和經驗年資，只要「能達成應執行職務」，就能獲得肯定。

這時候企業同時要做的，是盡可能建立標準化作業，培育數名能夠完成作業的員工，達到無論由誰來執行作業，組織都能順利運作的目標。因為這將會有助於提升企業整體的產能。這也是為什麼從過去就一直採取職務型工作模式的歐美企業，即便特定的員工離職，也不會對公司造成（像日本企業那麼嚴重的）影響，而且不僅如此，員工也可以休長假。

以員工的角度重新來看，這也意味著除了會直接影響公司營運、需要具備相當於「神之手」的技術的職務之外，接下來將不會再有「只有我能勝任」的工作存在。經驗年資和頭銜等都將不再重要，而且，在職務需求不斷改變之下，員工只需要持續不斷交出成果就好。

在過去的日本企業，就連「擅長內部磋商」這種極度曖昧不明的能力，也可以用來作為評斷「員工是否會做事」的標準。假使徹底改變這種評斷標準，今後對於可量化的明確職務能力，或許就能切實地給予相對的報酬了。

這就是為什麼我會說學習應對工作上的變化，也就是學習應對職務內容的改變，將會是今後商務人士的必備條件。

真的有能夠賴以為生直到百歲的技能嗎？

第三個變化，是關於被各大媒體炒得火熱的「人生百年時代」的說法。

對於現在正在閱讀本書的各位來說，退休或許還是很久以後的事。或者，說不定各位打從一開始就沒有想過要「退休」。看到現在上司那一輩的情況，應該就會知道，退休後拿著退休金過著悠然自得的老後生活這種事，幾乎已經不可能了。

根據某項調查顯示，日本人的平均壽命正以每天五個小時的速度慢慢增加中，預計到了二〇四五年將來到一百歲。這還只是平均壽命，如果將年輕早逝的人也納入計算，原本就能活到一百歲的人，壽命有可能會變得更長。

也就是說，各位必須備妥活到一百歲以上所需的生活費用才行。

過去在做「老年規劃」時，大概都是以活到八十五歲左右為前提。媒體相關報導所介紹的方法，也大多是以工作到六十五歲退休，之後再靠著年金和積蓄維持剩餘的二十年人生為前提。

然而，從現在開始，各位將被迫必須認真思考到了六十五歲以後，「接下來的四十年該怎麼過？」

對於註定面臨終身雇用制度崩解的世代來說，已經不能再將退休當成一個階段，六十五歲這個年紀本身，也許已經不再具備任何意義了。如果是這樣，無論各位現在是三十歲或四十歲，最好都要有所認知，知道「自己已經到了退休的時候了」。

一旦企業真的從職能型轉變為職務型的工作型態，退休的概念也會漸漸愈來愈不適用。有人即便已經七十五歲，還是能交出優異的工作表現。也有人即便才三十五歲，卻交不出好的工作成果。倘若是這樣，企業接下來需要的人才，就不會再以年齡和性別為依據，而是講求要能夠完美達成職務。

對於這樣的時代而言，更要保持持續學習的習慣，培養自己的各種工作能力。

要想靠著現在的工作持續發展活到一百歲，已經不可能了。

學習的習慣，決定面對人工智能時是駕馭還是被淘汰

最後要提出的第四個變化，是科技的進步，特別是人工智能的發展。在過去只有固定電話的年代，許多人都夢想「如果有那種可以隨身攜帶的電話該有多好」。不久之後，夢想成了真實，甚至如今已經無法想像沒有智慧型手機的生活。

在那之後，科技又更進一步創新，人工智能的出現，徹底顛覆了人類的生活。

十幾年後，自動駕駛的汽車應該已經是理所當然了吧。就連需要高難度技術的外科手術，或是發現微小的癌症等，說不定搭載人工智能的機器人，都能代替人類確實地完美達成任務。

到了這樣的時代，恐怕很多工作都會因此消失。但另一方面我也認為，人工智能將會不斷替人類帶來許多全新的工作。一旦將思考速度比人類更快的人工智能運用在工作上，肯定會有更多「非做不可的全新工作」相繼誕生。

在這些「非做不可的全新工作」當中，比起機器人，很多還是由人類來執行會更好。也就是說，人類並不會因此降為人工智能的下屬，而是由人類命令人工智

能去從事全新的工作。

只不過，並不是每個人都能勝任這全新的工作。面對人工智能帶來的全新職務，可以勝任的人，就能賺取龐大的財富；無法勝任的人，就只能等著失業。這就是各位眼前即將面臨到的現實。

現在大企業中即將出人頭地的人，將是日後的落敗者

人工智能的登場，全面改變了未來的工作內容。在這樣的時代中，人類必須想辦法度過一百歲的人生。於是，這時候就會出現以下的狀況。

在過去那個工作到六十五歲、活到八十五歲就算享盡天年的年代，只要具備能夠讓自己在退休後獲得延長雇用的技能，生活大概就不成問題了。也就是說，只要專精一項技能，並不斷深入就行了。然而，在接下來的時代，即便到了五十、六十或七十歲，倘若不隨時學習新的技術，將無法在社會上生存。

在日本經濟蓬勃發展、員工普遍獲得終身雇用的時代，對多數人而言，踏入社會就等於結束學生時代的學習，開始專注投入工作。實際上，在大企業中長時間

擔任管理階級的人，幾乎很少人會積極主動地不斷學習新知。

在大企業中佔有一席之地的人，很多都對於過去過度肯定，認為「我的人生這樣就很好了」，因而在重新學習上屢遭挫敗。結果造成即便是那些在大家眼中認為是「好公司」當中擔任管理階級的人，說不定也會一步步走向落敗。

在各位接下來的人生當中，學習和工作將會漸漸結合為一體。在全新的職務不斷出現的狀況下，一旦被要求提升產能，沒有學習習慣的人要想提升業績，將會非常困難。再加上一旦職務型工作型態成為主流，過去建立起來的地位等一切，也會變得毫無用武之地。

不久的將來，隨時身處嚴峻環境的創投公司或中小企業的商務人士，或許比較容易獲得生存。

人的能力有限，在學習新的事物時，勢必一定要捨棄某些原本擁有的東西才行。但是，滿足於現狀的人，通常都不太願意放棄已經擁有的東西，所以永遠都無法騰出「空間」來學習新事物。

簡而言之，因為依戀著過去，造成了自己的過時和腐化。我並不清楚各位現在任職於何種規模的企業，但無論是哪一種企業，各位現在所擁有的能力，都已經落伍了，再繼續固守下去是不行的。

在接下來的章節裡，我將更進一步深入，針對「如今課長世代面臨的困境」做詳細說明，為各位介紹持續學習的「技術」。

1章

課長世代的將來岌岌可危

正值壯年期的第一線兼任管理職人員的困境

在每天忙碌的工作中，五年、十年的歲月，一眨眼就過去了。就算是現在才二十幾歲的人，很快地就會成為大家口中的「中堅階級」。

對於我在前面提到的內容，正值衝刺事業的第一線兼管理職的壯年期讀者們，應該會覺得那都是上司那一輩的情況，和自己無關吧。

各位或許會替他們感到擔心，認為「的確，我的上司在快退休的時候，也都說自己還想再工作」、「但他好像也沒什麼特殊技能，退休後到底打算做什麼呢」等。

不過事實上，各位千萬不能把這些當成是他人的事就算了。因為最危險的，其實是現在第一線兼任管理職的世代，以及接下來即將踏入這個階段的人。

二十五歲至四十五歲這個階段的人，不論結果是好是壞，都可以從上司那一輩的「範本」當中，找到自己接下來該走的路。每天看著固執守舊而不知變通、從不學習的上司，也應該會知道「自己千萬不能變成那樣」。

只不過，瞭解這個道理，和實際為了「不要變成那樣」而採取行動，是不同的兩回事。假使沒有採取具體行動，最後只會得到跟上司世代同樣的結果。不，可能還會更慘。

然而，人總是以為瞭解就算「付諸行動」了。尤其第一線兼任管理職的人，很多都有莫名的自信，認為「我已經瞭解了，所以絕對不會變成那樣」。

無法把時間用在自己身上

日本企業裡的第一線兼任管理職員工，工作都非常認真。以外國人的角度來看，應該都會覺得「這些人這麼拚命工作，想必對於學習應該也很積極」。不過事實上並不然。

因為日本企業裡的壯年世代員工，根本沒有學習的時間。甚至應該是說，他們無法決定自己的時間要如何運用。

在日經BP主辦、由我擔任講師的領導者培育研習講座「課長塾」當中，參加的學員個個態度都非常積極，成長意願也相當高，只要在課堂發現值得學習的新目標，很多人都會說：「我明天就來試試看！」。

然而，這個「明天」，最後都會變成後天、下週，甚至是下個月。到最後，很多人根本完全沒有採取行動。

這並不是因為他們太懶，而是以現實層面來說，他們根本做不到。就算擬定學習計畫，一旦遇上「工作狀況」，計畫隨即便會付諸流水。

有些人因為和下屬討論工作而耽擱了學習計畫，有人則是突然被上司叫去問話，於是當天的學習又泡湯了。

對於日本企業中的第一線兼任管理職人員來說，這已經成為他們無能為力的問題。即使想改變，到最後反而只是徒增困擾而已。

不過，就像我在序章中提到的，縱然現實狀況如此，但如果因為這樣就覺得「根本不可能有時間學習新的東西」而放棄學習，最後只會面臨比上司世代更嚴峻的將來。

換言之，無論現實狀況如何，各位都千萬不能放棄學習。

一踏入社會就停止學習

Recruit Works研究所發行的組織刊物《Works》，曾經針對日本、美國、中國、印度、泰國等國的一千六百名企業課長進行調查（二〇一五年二月號特集「『課長』定義的五國比較」）。結果發現，日本的課長階級幾乎完全不學習。

舉例來說，以最高學歷來說，大學畢業的人以日本81.1%佔最高，美國則是50.8%，印度最多也不過只有20.8%。不過，其他國家的課長，學歷很多都是研究所畢業，甚至其中很多是出社會工作之後，又回到研究所進修。

換言之，從這份調查可以知道，比起其他國家，在日本，「雖然重視大學學歷，但一旦畢業出社會之後，就從此疏於學習」的傾向非常高。

這一點從MBA的取得率也能清楚看出。以擁有MBA學位的課長比例來說，印度有43.6%，泰國有17.0%，美國有16.3%，中國有9.0%。日本卻僅僅只有1.6%。

姑且先不論MBA學位有多大的意義，日本遠遠落後於其他國家，這一點是不爭的事實。

只不過，這在過去並沒有什麼太大的問題。反正到頭來，日本企業和日本人都只要用日本的標準來思考就行了。

然而，不論你願不願意，隨著全球化的發展，現在包括課長在內的所有企業員工，都會被以國際標準來評價。

因此，過去一直在日本標準下一路晉升到課長階級的人，今後必須要更有意識地改變自己才行。

日本的課長階級「自由度」太低

在上述的調查當中，還出現另一個相當有意思的結果。在各國課長針對「工作品質」的回答當中，只有日本出現矛盾的現象。

圖1-1當中的「工作內容多數為依照前例或指南等之例行工作」項目，回答「是」的課長，只有日本異軍突起式地銳減。在另一項「公司裡有可以取代自己執行工作的人」，結果也是一樣。

也就是說，日本的課長大多認為自己的工作「由於多屬於非例行工作，因此無法交付給其他人」。

圖 1-1：各國課長世代「工作品質」調查

	自己的角色作用十分明確	工作內容多數為依照前例或指南等之例行工作	在工作程序及方法上擁有高度自由	公司裡有可以取代自己執行工作的人
美國	78.0%	51.2%	82.4%	40.0%
印度	90.8%	79.2%	86.8%	64.4%
中國	88.3%	53.9%	64.6%	32.5%
泰國	94.8%	75.3%	81.9%	66.8%
日本	**71.6%**	**25.9%**	**66.2%**	**29.8%**

出處：Recruit Works 研究所「五大國家之企業管理階級調查」（調查期間 2014 年 10 月）

單從這個結果來看，似乎可以得到一個結論是：「日本的課長可以依據自己斟酌來應對處理複雜的工作。」不過，事實上並非如此。

在「自己的角色作用十分明確」項目當中，日本的比例是五個國家當中最低的。「在工作程序和方法上擁有高度自由」項目也是倒數第二。

這代表什麼意思呢？

這個結果顯示，在日本企業中擔任課長的人，必須遵照自己以外的他人的意思來完成非例行工作，或是無人可替代執行的工作。

這種情況，恐怕是其他國家的課長無法理解的吧。要想在這種狀況下自我學習，一般的方法絕對行不通。

「沒有時間」的極度危機

日本的課長大多是第一線兼任管理職，這一點雖然非常嚴峻，但由於身邊的情況都是如此，所以大家似乎就理所當然地接受這樣的現實。

不過，就連三歲小孩也知道，平日不斷輸出，假使沒有相對的吸收輸入，總有一天會燃燒殆盡而枯竭。更別說在商業環境瞬息萬變的時代，輸入更是要比輸出多上一倍才行，否則很有可能面臨淘汰。

總是把「太忙」、「沒有時間」掛在嘴邊的人，我們可以假設這些都是高度輸出的人。這些人現在或許可以藉由拚命努力來獲得優秀的工作表現，不過，五年後的情況就不得而知了。

我再重申一個理所當然的道理，愈是高度輸出的人，愈需要吸收、輸入。也就是說，工作愈忙碌的人，一定要保持學習的習慣。

學習不同於所謂的「重新學習」

第一線兼任管理職的忙碌員工，如果想自我學習，千萬不要一下子挑戰太大的目標。因為這世上沒有比挑戰做不到的事讓自己受挫、對自己失去信心更愚蠢的事了。只要抱著「就算只是小事，只要能學習就好」的態度就行了。

現在政府也不斷積極鼓勵社會人士「重新學習」。安倍政權提出「創造人才革命」的主要政策，擴大免費教育，甚至啟動「人生百年時代構想推進室」的運作。

安倍首相表示：「在迎接人生百年時代的過程中，將一步步打造一個讓有心挑戰新事物的人，能夠重新學習的社會。」

不過，這裡所提出的目標，其實是希望屆齡退休的人可以進一步追求自己的生活價值，而不是就這樣直接步入老後的生活。

假使可以藉此增加收入、擴大消費，當然很好。如果年長者願意學習新的技術，填補社會人才短缺的缺口，更不失為一件樂事。

實際上，很多人都是退休之後才開始學習外語，開始讀起艱澀難懂的書。這並不是什麼壞事。

只不過，本書所指的「學習」，和這些並不同，而是接下來還有漫長工作生涯、必須賺取收入才能維生的世代的學習。是身為第一線兼任管理職、連睡眠時間都無法確保的人，為了持續提升工作表現的學習。

這和在社會「重新學習熱潮」的帶動下到類似社區大學等進修，是不同的兩回事。這一點請各位要先有所認知。

比起「尋找學習對象」，必須先「養成學習的習慣」

說到提升工作表現的學習，一般人想到的，應該大多是語文、程式設計或資格證照之類的吧。

不過，對某些人來說，可能會覺得這些都不是自己目前急需的能力，或是認為「既然要學，就等到真的有時間再說」，因而錯失了開始學習的機會。

也就是說，「雖然知道學習是必要的，卻無法決定到底該學什麼，乾脆等到找到目標之後再開始。」

真要這樣，一切就太遲了。會說「乾脆等到找到目標之後再開始」這種話的人，就算真的找到目標，實際上也不太會真的去做。因為這類型的人都只是每天埋首於忙碌的工作中，沒有任何學習的習慣。

各位最先應該做的，是養成持續學習的「習慣」。例如每天好好地仔細閱讀報紙財經版，或是每天背三個英文單字等。就算只是這麼簡單的小事也可以，重點在於將學習融入工作忙碌的日常生活中，並持續不間斷。

一旦透過這種方式養成小小的學習習慣，將來就能改變內容，重新學習各種技術。

對各位來說，學習的習慣是無論到幾歲都能活用的珍貴財富。相反地，如果沒有學習的習慣，接下來的一生會是什麼樣子，就不必我再多說了。

努力也阻止不了「退化」的發生

沒有小小的學習習慣的人，等於無法改變自己。簡而言之就是「退化」。

有一次，我朋友經營的設計相關企業發生了嚴重的人事異動。其中最引人關注的，是一位企劃部的重要核心員工，被調到資材採購部。頭銜上雖然是從課長晉升為副處長，但大家都知道這其實是降職。

這名員工其實很受客戶歡迎，個性也很溫和，頗受下屬的愛戴，所以一直以來都深受公司重用。

不過近幾年來，他的表現似乎開始停滯不前，提出的想法也不再像以往一樣讓人耳目一新了。

到最後，客戶不再指名找他。公司站在培育年輕設計師的立場，也認為不適合再讓他留在原本的職位上。

這種事本來就很難說清楚是哪裡做得不好，加上他自己和以前一樣，面對工作非常努力，所以這項調職讓他自尊心大受打擊，最後索性離開了公司。

像他這樣沒有意識到無法說明的社會潮流和需求轉變，到最後變得跟不上時代的人，其實非常多。

會成為「老害」以及不會的人

錢包這種東西，由於每天使用，自己不太會注意到已經變得破舊。不過，從旁人的角度來看，就會覺得「這錢包也太破舊了吧」。

又或者，像家人這種每天在一起的人，彼此都不太會發現對方已經漸漸衰老。但是對偶爾見面的人來說，就會覺得「老了許多」。

同樣的情況也會出現在工作上。正因為每天拚命工作，所以會漸漸失去客觀的角度，不自覺間能力和知識也變得腐化過時而無用。

可惜的是，一旦發現自己變得過時無用，這時候即使慌張也無濟於事了。必須從平時就有意識地為自己安排全新的學習才行。

有一回我搭電車，身旁的兩個年輕女子正在討論：「人到底都是什麼時候變成大叔的？」這兩人似乎是同事，正在批評公司裡一位自以為是、愛擺架子的男上司：「他過去應該也曾經年輕謙虛，到底是什麼原因，讓他變成現在那副自以為是的樣子？」

在日本的職場上（正確來說，或許全世界的企業都是如此），有很多自以為是、卻什麼事都不做的大叔和大嬸。即便是過去活躍於第一線的人，很多到最後都會變成這樣。

講話難聽一點的人，將這種現象稱為「老害」。不過事實上，「大叔化、大嬸化」其實也有好的一面。例如比起年輕，這時候更具備面對各種狀況也能處之泰然的強韌，以及面對事物不過度悲觀的力量。

只不過，如果態度是一副「都到現在了，我可沒打算要改變自己的作法」，這對企業來說，絕對不可能接受。

人才是企業之寶，尤其年輕人，更是願意鞠躬盡瘁為公司不斷奉獻。和這種努力態度完全相反的人，坦白說，對企業來說都是絆腳石。

會不會成為「老害」，這一點和年紀無關，就看平時是否懂得多多白我學習，並且將習得的全新知識和能力，活用在工作上。不學習的人，等於是從年輕就朝著老害的將來一路前進。

一面拋棄舊習，一面持續學習

無法藉由學習新知來改變自己的人，應該都是因為受到某些阻礙。其中原因之一，就是「無法拋棄舊有的知識」。人類對於到手的東西，通常都不太願意放手。但這有時候會導致無法學習到真正重要的能力。

在商業環境瞬息萬變的現在，學習新事物時，可能還必須同時做到「拋棄舊習」（unlearn）。也就是拋棄過去的成功模式。

再高規格的電腦，一旦塞了太多沒有使用的軟體，都會造成速度變慢。這時候就得刪除不需要的軟體。同樣的道理，過去學會、但如今不覺得特別有用的東西，不妨就一一捨棄吧。

我就用滑雪為例，幫助各位理解拋棄舊習的道理。

過去在日本，曾經因為電影《帶我去滑雪》（私をスキーに連れてって）而掀起一股滑雪的熱潮。後來，隨著泡沫經濟的發生，熱潮漸漸消退，取而代之地年輕人之間開始流行起雪板。

如今，過去的滑雪世代又漸漸回到了滑雪場。也就是說，五、六十歲這一輩的人，又再度風靡起滑雪來了。

只不過，在他們離開滑雪場這將近三十年的時間當中，滑雪板已經有了很大的改變，連帶地滑雪方式也和以前完全不同了。不過，有些「老古板」卻還是堅持用三十年前的方式滑雪。有趣的是，他們都認為這是在展現自己過去的拿手絕活兒。

這些人由於拋不下「我過去是這麼學的」的常識，所以永遠也無法學會新的技術。只要他們一天不肯承認「那些已經過時」，讓自己一切重新來過，恐怕永遠都學不會使用最新的滑雪裝置。

時代瞬息萬變，商業環境的變化更是劇烈。各位不妨就以不斷學習新知、同時不斷拋棄舊習的高行動力學習方法，持續一輩子學習吧。

找出自己的反模式

如同前述，知道自己非得學習但是卻做不到的人，都有各自不同的理由。

正因為如此，一定要確實找出自己究竟是陷入何種「反模式（anti-pattern）＝面對各種問題時容易犯下的錯誤方法」當中。

學習上會遇到的反模式，有例如下頁圖1-2等狀況。其他應該還有許多，因為每個人無法學習的理由，都是只有自己才有的情況，也不會和其他人一樣。

千萬不要隨便以為「我也和○○用同樣的方式學習好了」，應該要依照自己的工作和生活型態來制定學習計畫才行。這一點相當重要。

在找出自己的反模式的過程中，或許會很困難、很痛苦。不過只有這麼做，

圖1-2：課長世代在「學習」上最常出現的反模式類型

×先和社長或上司討論過後，才決定自己的學習「對象」
→如果和自己的職務內容或興趣不符，學習便無法持久。

×為了拓展公司以外見識，不停參加異業交流活動。
→聽講式的講座有時無法切身投入，最後只淪為交換名片的場合。

×花太多時間在處理下屬的問題，導致無法擬定學習計畫，只能利用空檔時間學習。
→學習無法持久，只會在一時興起時才學習。

×將學習「目標」設定為半年或一年。
→會因為突發性的工作或緊急事件等而放棄學習。

×茫無頭緒地不斷閱讀時下的暢銷商管書和相關部落格。
→成果很難以數字衡量，導致學習無法持久。

才能找到適合自己的學習習慣。

認為「只要學過就好」，是最危險的心態

說到學習上的反模式，我還要補充另一個我覺得可以說只要是日本人都會有的負面傾向。

日本人是非常勤奮的民族，不僅如此，日本人也和拉丁民族不同，容易對將來感到不安。因為這種性格，所以多數的日本商務人士都會焦慮「在這種時代，必須學習才能生存」。

然而，雖然幹勁十足地發憤學習，但最後獲得實際成果的人，卻少之又少。其中原因之一，就在於日本人總是認為「只要學過就好」。

我再重申一遍，各位學習的目的，不是為了享受興趣，而是要在工作上交出成果，讓自己成為一個任何情況下都不可或缺的人才。

因此，各位的學習必須要達到這些目的，才能覺得「努力有了代價」。而不是學過就好。

N是一位年近四十歲、任職於人力公司業務部經理的男性，他有感於接下來的科技時代轉變，於是利用下班後和假日的時間，參加了許多技術相關的講座。不僅如此，他還找了一些有興趣的同事，每個月在公司舉辦兩次晨間讀書會。

在這個充滿熱忱的讀書會上，大家討論著時下最新的國際話題，人人似乎都顯得幹勁十足。不過從客觀的角度來看，若要說這種讀書會有助於他們的工作表現，事實其實有待商榷。實際上，在N的職場上，還有比他表現更優異的人，公司對他的評價也有待提升。

我必須先聲明，養成讀書會的習慣本身非常好，只不過，相較於N花在讀書會上的時間，那些比他表現更好的同事，恐怕都把時間花在更有意義的事情上。因此，如果N繼續用這種方法學習，和優秀的同事之間的差異只會愈來愈大。

學習不是拚命努力去做就行了，假使看不見成果，反而會帶來負面後果。

既然如此，要怎麼做，才能避免負面後果呢？這部分在接下來第二章會有詳細說明，簡單來說，就是用具體的方式來評斷學習的目的或目標。簡而言之，就是將學習目標化為明確的數字。

跟各位分享一個利用這種方法，最後得到正面結果的例子。過去我曾經有一位朋友，他的工作雖然不是不動產業，但後來因為某些原因，公司裡至少需要一位擁有宅建士（宅地建物取引士，類似台灣的不動產經紀人）證照的人，這樣對公司的業務才會更有利。於是他便去考了宅建士的證照。

他雖然可以要求員工考取證照，但考量到「萬一對方離職就沒有意義了」，於是索性自己去挑戰。

他的目標是「以最低分考取證照」，所以當他後來知道自己的分數比及格要來得高時，心中十分懊悔。

「哎呀，要是更接近及格分數就好了。害我多花了那麼多時間。」

我雖然不知道他這話是不是認真的，但以這種合理的方式來思考學習就沒錯了。因為學習的目標，並不是「學習」本身。

失敗為失敗之母

一旦將目的和目標徹底具體化之後，接著要做的，就是「行為設計」。也就是針對如何具體學習，轉化為一個個行為，建立一套「可行的辦法」。

假使沒有做到「行為設計」就直接進入學習，日後肯定會喪失動力。

人類本來就不是一種光憑「幹勁」就能達成目標的生物。能做到這一點的，僅限於少部分的人而已。

「下定決心學習」，和「實際真的投入學習」，兩者之間存在著巨大的鴻溝。無視於這個事實而光憑「幹勁」學習，對沒有時間的第一線兼任管理職的人來說，是非常糟糕的一件事。

因為這會讓人不斷遭遇挫敗，人一旦失敗，就會喪失自信，當下一次決定再嘗試時，就會產生「反正一定又會失敗」的消極念頭。人類的大腦很老實，心裡怎麼想，就會得到什麼結果。因此最後就真的失敗了。於是又更沒自信，就這樣陷入惡性循環當中。到最後無論怎麼嘗試，都很難達到成果。

有些人不論買再多英語學習教材，到最後也只是放著積灰塵而已。這類型的人，問題並不是出在意志力不足，而是被大腦的特性給擺了一道。

大家常說「失敗為成功之母」，這其實是騙人的。從失敗中獲得許多學習、最後獲得成功這種事，對一般人來說根本不可能發生。因為事實上，「失敗是失敗之母」。

有些上司在培育下屬時，會採取「故意給予失敗的經驗，以激發成長」的態度。這類型的上司明知道下屬犯錯，卻不及時給予建議，反而刻意讓下屬嘗到失敗的苦果。

每次遇到這種上司，我都很想逼問他們：「到底是誰告訴你有這種權利對下屬這麼做？」真正會做事的上司，根本不會這麼做，而是一開始就設計好成功的步驟，讓下屬一步步邁向成功。下屬有了自信之後，便能不斷創造成功，連帶地也為自己（上司）帶來優異的業績表現。

「拿出幹勁好好做！」「你就是吃不了苦，所以才做不到！」會這麼數落人的上司，在學習的自我管理上，想必一定也會失敗。

方法，是一切的關鍵

無論是提升技術或管理，當各位想確實達成某個目標時，千萬不能光憑「幹勁」這種不可靠的東西。最聰明的作法，是建立能夠達成目標的「行為設計」，也就是「方法」，以此作為依據來進行。

在我所擅長的行為科學管理當中，方法會帶來各種結果。

行為科學管理的理論基礎，來自於「行為分析學」。所謂行為分析學，是一種以科學的方式研究人類行為的學問，其中最大的特色，就是單純地只就行為來分析，而不是從行為來判斷人的心理狀態。

人之所以能夠達到成果，來自於許多簡單行為的累積。知道成功和心理狀態無關，最重要的是行為的累積，因而專注在找出能夠累積行為的方法上。這就是行為科學管理的方法。

永遠都要將重點放在「行為」上，不要陷入「幹勁」等心理層面的複雜當中。

對於這種說法，有些上了年紀的大叔可能會反駁：「你在說什麼啊！最要緊的當然是有沒有幹勁啊！」不過事實上，只有找到方法，才有可能不斷複製成功。

我過去實踐的結果

我在寫這本書的時候，人生已經邁入五十大關了。這時候的我，也持續保持著包括英文在內的許多學習習慣。跑步或許也可以算是其中之一吧。

我是在四十歲之後，才下定決心要挑戰全馬。為此，我必須先學會正確的跑步方法。

當時我對運動完全不擅長，身材更是滿腹橫肉。甚至光是車站的樓梯，就能讓我爬得喘不過氣來。這種情況對一般人來說，應該都會覺得「再怎麼樣也不可能去跑馬拉松」而直接放棄吧。

不過，當時我已經研究出一套行為科學管理的理論，相當瞭解其中的效果。所以我覺得「自己應該辦得到」，於是便抱著樂觀的態度去嘗試挑戰。如今，我已經可以完成一百公里的馬拉松，甚至成功挑戰撒哈拉沙漠和南極等極地超級馬拉松。

只要根據行為科學管理的理論，確立目的和目標，並完成實現目標的行為設計之後，無論幾歲或任何事物，都能勇於挑戰。而且，這不只是單純的挑戰，一定會帶來成果，讓人生變得更豐富多彩。

從接下來的第二章開始，我將為各位介紹實際的方法。大家不妨先設定一個學習目標，然後利用這些方法確實地成功達到學習。我敢以自身的經驗向各位保證，只要有一次成功的經驗，日後每當發現學習目標時，各位都能毫不猶豫地勇於面對挑戰。

2章

精準找出自己的「學習目的」

接下來在這一章，我將帶領各位一起思考具體的方法。本書介紹的方法，會依循著以下的步驟，讓各位的學習變得更加明確。

step1 找出目的
step2 設定目標
step3 規劃行動
step4 實際驗證

其中佔最多篇幅的，是第3章所要探討的《step3規劃行動》。因為假使目標相當明確，當事人也充滿幹勁，最後卻還是失敗，全是因為缺乏能夠持續學習的行為設計所導致。就我所擅長的行為科學管理來說，行為設計也是最重要的一環。

只是，即便行為設計再重要，也不能一下子就切入到這個步驟。在這之前，確定目的和目標同樣也很重要。否則就算行為設計做得再好，也有可能會搞錯努力的方向。

首先，就讓我們利用這一章介紹的方法，從《step1找出目的》開始吧。

Step1

《找出目的》

該學什麼才好？

讀到這裡，各位應該已經知道「自己為什麼非學習不可」了。接下來的時代，企業的工作型態將從職能型轉變為職務型，連帶地對員工的評價制度也會改變。在這樣的時代下，倘若沒有持續學習，將無法維持較高的自我價值。這一點想必各位也已經瞭解。

但是，即便瞭解這個道理，不過對於自己究竟該學習什麼，又該學習到何種地步，應該還是沒有明確的答案。

各位千萬不要認為，在還沒有找到最重要的學習對象之前，不適合閱讀本書。關於這一點，可以接下來再好好地一步步深入發覺就行了。

我比較擔心的，反而是自認為「學習對象已經相當明確」的那些人。

因為我見過許多已經決定學習對象的人，他們對於「為什麼要學這個？」「學了之後可以為自己的將來帶來什麼轉變？」等問題，並沒有認真具體地思考過。

我一再重申，各位之所以要學習，不是為了獲得素養，而是為了提升工作成果，讓自己成為任何情況下都不可或缺的必備人才。

「我一定要通過半年後的升等考試」

「我一定要在三年內自立門戶創業」

「我要適應職務型的工作型態」

「我想讓自己退休後還能找到工作」

很多人應該都是基於這種逼不得已、非成功不可的目的，才決定開始學習。

所以，這時候千萬不能隨便踏出第一步。

有些人或許會因為被逼急了，覺得得盡快開始才行，於是沒有經過審慎思考，就胡亂花時間在錯誤的學習上。這樣到頭來只會失去更多，而且「學完才發現沒有用」的失敗經驗，也會讓學習意願愈來愈低。

所以，在決定學習對象的時候，千萬不能操之過急。

學習真正有用的東西

在思考學習對象的時候，有兩個很重要的指標。首先要考量的，是每個人理所當然都會的東西，自己也一定要會。另外，大家都會的東西，自己就算會了也沒有用。

這兩點雖然看似矛盾，但如果沒有這層認知，將無法成為不可或缺的人才。

舉例來說，假設各位任職的公司已經開始朝國際化發展，這時候勢必就得和外國人溝通。因此想當然耳，某種程度的英語能力就成了必備條件。如果對自己的英語溝通能力沒有信心，就應該盡早開始學習。

不過另一方面，在多數員工TOEIC分數都超過七百分以上的公司，七百五十分並不算厲害。這時候如果沒有把目標訂在九百分以上，持續學習英語就沒有意義了。

與其如此，還不如學習別人沒有的資格證照，或是發覺可以作為自己個人強項的能力，或許還比較有利。

如果無法達到出類拔萃、坐擁頂尖的地位，就必須適時放棄，選擇完全不同的領域去學習。

學習和買股票不同，除了清楚掌握世界主要潮流，以及大家的學習對象之外，有時候特立獨行地逆向思考，也是必要的。

盤點自己過去的經驗

在決定該學習什麼之前，有一件很重要、最好必須要做的事，就是「盤點經驗」。

過去自己做過哪些事？現在的自己具備哪些能力？這些能力又獲得多少評價？各位不妨針對這些問題稍做思考整理，必要的話，也可以聽聽旁人的聲音。

接下來，仔細思量五年或十年後的社會將會面臨什麼轉變，因應這些轉變，自己如今的能力是否足以應用？又或是需要補足哪些能力？將這些答案寫下來整理好，再根據答案往回推，找出自己的學習目的。這就是決定學習對象之前，非做不可的一個步驟。

在接下來的日本社會，勞動人口將會銳減，使得企業開始拚命想留住優秀人才。但另一方面，人工智能總有一天會變得廉價，一步步彌補社會人力不足的缺口。在這種情況下，自己該如何生存下去？我希望大家都可以針對這一點，徹底地模擬思考。

要想預測五年後、十年後的社會轉變並不容易。二〇〇七年美國蘋果推出iPhone之前，幾乎沒有人可以預測得到「接下來智慧型手機將成為每個人的『主要電腦』」。預測未來不是光靠天馬行空的想像，必須彙集多方高度可靠的情報資訊來進行推測才行。

那麼，要上哪兒去找高度可靠的情報資訊呢？

各位該不會以為「第一手最新的情報資訊就在網路上」吧？這其實是錯誤的想法。在講求「快速」的社會，「第一手最新」反而漸漸變得愈來愈沒有價值了。

正因為時代如此，建議各位不能只是吸收網路上的最新話題，還必須熟悉報紙和書籍的動態才行。

因為最新的網路資訊，大家幾乎都已經知道了。而且這些資訊，大多數都是經過篩選的。

光是這一點，恐怕就不太可能存有「自我思考」的空間了。

試著花半年的時間，每天閱讀兩份報紙

「自我思考」非常重要，也就是當一件事情發生時，可以看出背後隱藏的意義。因為事情不能只是光看表面，必須具備能夠思考背後意義的能力。

舉例來說，假設好幾個網路媒體都同時做出「A商品大受消費者好評」的報導。如果光憑這樣，就覺得自己掌握到有用的資訊，結論未免下得太早了。因為同樣的資訊，好幾萬人早就在同一時間也都知道了。

這種時候，各位必須要往下深入進行多方思考，例如「為什麼A可以大受好評？」「為什麼B就不行？」，如此才能找到自己應該學習的內容重點。

「自我思考能力」的養成，最好同時吸收其他值得作為比較的資訊或背景情報，或是從其他業界來看的情況分析等，速度會更快。最方便做比較的媒體，就是報紙和書籍。

在現在這個時代，應該已經很少人家裡會訂報紙了吧。就連偶爾在車站買報

紙的人，我想也已經不多了。這是因為大家都以為「就算沒有買報紙，光是看網站和手機應用程式上的新聞，就已經足夠了」。

在車站買報紙比較麻煩，各位不妨乾脆以半年為期，直接訂報紙來閱讀。假使真的可以認真讀報，就會瞭解到報紙的重要性，最後別說是半年了，接下來一定會再「續訂」。

具體來說，建議各位可以訂閱《日本經濟新聞》，另外再加訂一份其他報紙，總共兩份。要仔細讀完兩份報紙，必須花上一段時間。各位可以早上提早約半小時起床，先看標題和第一段重點，剩下的內容再利用通勤或午休時間細讀就行了。讀報的時候，要隨時問自己「我應該學習什麼」。而且，連自己沒有興趣的內容也要看。可以半強迫性地做到這一點，是看報紙的最大好處。

如果只看自己感興趣的內容，就只會獲得自己目前所處的世界的未來消息。這麼一來，可以發現的全新學習對象也會十分有限。

誰才是「情報弱者」？

一般對於不擅使用網路的年長者，大多會用「情弱」（情報弱者，指資訊缺乏的人）來稱呼。我其實不太喜歡這個說法。現在有愈來愈多人會揶揄取笑他人為「弱者」，這全是因為他們自認為「強者」。

但是，擅長使用網路，真的就比較厲害嗎？比起「只會」從網路新聞中掌握資訊的年輕人，我認為除此之外「還會」閱讀報紙和書籍的年長者，就某種意義來說，才是真正厲害的人。

喜歡看網路新聞的人，通常都是快速瀏覽標題，只挑選感興趣的來看。不僅如此，網路上的新聞內容本身，其實大多已經過篩選。

因此，即便以為「自己是個掌握許多資訊的情報通」，其實某方面來說，都受到特定資訊的操控。而且更惡劣的是，網路和社群媒體上的報導，其中也混雜著許多假新聞。從演藝圈八卦，例如「知名藝人〇〇〇驟逝」等，到「〇〇造成股價爆跌」等商場上的不實謠言等，我們不時都可以在網路上看到這些來路不明的假新聞到處流竄。

令人不可置信的是，面對這些假新聞，私毫不做查證就繼續轉貼的商務人士，其實非常多。這樣真的可以稱自己是情報通嗎？我想在接下來的時代，大家都必須認真思考這個問題。

我自己是個十分仰賴網路的人，而且使用得比一般人更徹底。不過我認為，當一個人完全仰賴網路而失去自我思考的能力時，連帶地也會失去身為商務人士的價值。

各位不妨藉著下定決心學習的機會，想辦法讓自己從網路成癮中跳脫。

透過具體數字思考，找出真正的學習目的

提到新聞相關的話題，最近我經常被問到一個問題：「到底該不該學程式設計？」大家似乎都是聽聞程式設計將從二〇二〇學年度開始，正式納入小學的必修課程，所以擔心「不學的話會跟不上」。

如今這個時代，各種商業型態隨著科技進步而轉變。考量到這種現狀，能夠略懂程式設計當然最好。但如果你問我這是不是每個人都必須優先學習的課題，我的答案是「NO」。

在這些不知道自己究竟該不該學習程式設計的人當中，很多根本連程式設計

是什麼都不知道。這種時候，不妨先買本程式設計的參考書來看看吧。先對程式設計有某種程度的瞭解之後，假使真的覺得「自己應該也學得會」，或是「對工作應該有幫助」，再將它納入學習課題也不遲。

在這個初步瞭解的階段當中，很重要的一點是，不要隨隨便便就認定「這對自己應該有幫助」。最好從各個角度多方檢視，而且是透過具體數字來思考，最後再做出結論。例如學了之後，何時才會發揮用處？包括將來可以讓自己晉升到什麼階段？自己是否可以做得比其他人好等。

舉例來說，假設以一位厲害的程式設計師來說，根據企業不同，年收入最高可以超過一千萬日圓。光是聽到這裡，想必很多人都會覺得：「只要學會程式設計，就能增加年收入。」

然而，程式設計這份工作，本來就有適合和不適合的人，而且可以實際領取高薪的人，都是從小就開始寫程式之類的極少數頂尖專業人才。日本多數的系統整合公司當中的系統工程師，或是作為下游承包商、負責研發工作的程式設計師，很多人年收入大約都只有四百至五百萬日圓而已。

如果是這樣，與其從零開始學習程式設計，不如「學習以一個瞭解程式設計思維的商業領導者的身分，開發全新的業務內容」，或許可以更有效地提升將來的年收入也說不定。

而且這種作法，投入在學習上的金錢和時間成本，也比「成為一個頂尖程式設計師」要來得便宜。

就算寫不出厲害的程式，只要懂得軟體研發或網站設計，瞭解研發的辛苦和容易遭遇的挫敗，就能比別人更快「瞭解程式設計師的心情」，也就是成為一個「讓人覺得好共事的企業領導者」。

學習英文也是如此。對於未來的商務人士來說，都必須具備某種程度的英語能力。多數的日本企業，也都已經將英文納入升等測驗的必備科目。只不過，各個企業要求的程度不盡相同。

各位不妨可以具體地用TOEIC的分數來思考，想想「學習英文真的是自己現在的首要課題嗎？」

除了英文以外，其他還有許多商務人士必要的學習，包括各種資格檢定、以商管書為主的閱讀、會計學等。無論任何一項，千萬都不可以「只是為了學習而學習」。

學習會花費各位寶貴的時間，這些花費掉的時間，都不可能再重來。

我瞭解各位焦急的心情，不過，請一定要仔細確認清楚自己的目的才行，千萬不要沒有經過深思熟慮就貿然嘗試。

總整理

利用發現目的表來決定「學什麼」和「不學什麼」

在進入下一個階段之前，先透過類似圖2-1的表格，找出自己的「學習對象」和「目的」吧。

在盤點經驗的同時，對於想學習的東西，可以試著透過具體的數字，檢視是否就是自己應該學習的對象。有時候「以為對的東西，其實是錯的」，或是在學習的過程中才發現「不，這並不是自己必須學習的東西」。

這種時候不需要著急，只要改變方針就行了。只不過，即便是改變方針，同樣也必須透過具體的數字，讓目的變得更明確。這一點非常重要。

假使沒有做到這一點，只會永遠仰賴模糊不清的自我感覺，浪費更多寶貴的時間。

圖 2-1：發現目的表範例

過去做過的工作	學到的技術能力
例）・法人業務（平均單月約 20 件） ・老客戶的廣告活動企劃	・從傾聽客戶意見到提案的能力 ・計畫執行力

上司、同事、熟人給予的評價和批評
例）・堅持毅力直到合約完成的態度，獲得一定的評價 ・不過，企劃案的切入點和內容缺乏創新，觀點稍嫌老套

今後想嘗試的工作和應該嘗試的工作	必須具備的技術能力
例）・協助推動大型客戶的數位行銷 ・新客戶廣告活動的提案和通過	・網路廣告效果測定能力 ・企劃力

學習的對象和目的	方法和數值目標
例）・學習網路流量分析，將廣告效果化為具體數據，並完成進一步的分析	・每個月讀完兩本專業書籍 ・半年內取得〇〇證照

《POINT》

- 盤點經驗時，盡可能將「實際成績」和「他人評價」放在一起檢視。
- 針對「今後想嘗試的工作和應該嘗試的工作」，不能只靠期望來考量。
- 針對今後必須具備的技術能力，一定要完成情報蒐集之後再做檢討。
- 針對想學習的東西，一定要結合「可量化的目標」來思考。

Step2

《設定目標》

別把沒有量化的東西當成目標

確定學習目的之後，接下來就是設定目標。

這時候最重要的，是將目標化為具體的數字，並且先降低難度。大部分的人都很容易設定出「模糊不清卻偉大的目標」，例如「學會母語程度的英語能力」、「將時下最具話題性的商管書全部讀完」、「以業績冠軍為目標努力」等。這樣的目標，一開始就已經註定失敗。

因為這些根本就不是目標。所謂目標，如果不夠明確，將無法作為標的，而且也無法檢視是否達成。

目標必須要是任何人聽到，都有相同的解讀才行。只有這樣，我們才能「明確地朝著那個方向」展開行動。

另外，一旦把目標訂得太高，到了某個階段，心裡就會產生「自己辦不到」的念頭。這時候，習慣把想法當真的大腦就會讓自己真的辦不到，到最後變成一場自毀式的失敗體驗。

與其如此，不如針對讓人不禁懷疑「這種小事也行嗎？」的事情，好好地確實達成，累積成功的經驗，強化「我什麼事都辦得到！」的自信心，絕對要來得更有用。

我有一位創業家朋友，大家都知道他開辦的講座十分精采，每次都有上千名的商務人士報名參加，而且結束之後，幾乎人人都是鬥志高昂。

他告訴我，關於自己在講座上提到的建議，有九成的參加者都會說：「今天回去就要開始嘗試！」不過，真正實際付諸行動且持之以恆的人，不過只有兩三個而已。

大部分的人都是參加完講座，覺得自己已經做過，然後就不了了之了。不用我說大家也知道，「覺得做過」和沒有做其實是一樣的。而且不僅如此，由於還花費了不少時間和金錢參加講座，所以對於「其實根本沒有做」的自己，會產生極大的自我否定感。既然如此，還不如別參加比較好。

之所以會變成這樣，都是因為目標不夠明確。甚至只要目標夠明確，「有做到」和「沒做到」一目瞭然，也就不會對自己做出模稜兩可的評價了。

舉例來說，假設目標設定為「一年後TOEIC分數達到七百五十分以上」，最後有沒有實現，答案都非常清楚。

不過，如果缺乏明確的分數或期限，例如「一年後要提升TOEIC分數」，或是「TOEIC分數達到七百五十分以上」，目標頓時就會變得不清不楚。

當然，就算是做不到的事情也沒關係。只要知道自己做不到，就能修正過高的目標數值。但如果就這樣不清不楚地去嘗試，最後當然還是做不到。

利用「MORS法則」縮小目標

所謂目標，不是用漂亮的說法修飾、感覺虛無縹緲的東西。而是需要不斷反覆進行一些必要的行為，最後才有辦法達成的一種明確的終點。

目標是否達成，一切端憑是否持續做到達成目標的必要行為。

反過來說，在設定目標時，必須隨時意識到哪些行為才能促使自己達成目標。

就像前面一再提到的，行為科學管理並沒有涉及心理層面的問題，而是只著重在行為上。

那麼，「行為」指的究竟是什麼呢？在行為科學管理當中，行為必須完全符合「MORS法則」。「MORS法則」也稱為「具體性的法則」，主要包括以下四個要素：

M＝Measurable（可測量的）

O＝Observable（看得見的）

R＝Reliable（可靠的）

S＝Specific（具體的）

少了其中任何一項，都不能當成「行為」來看待。

「努力做到〇〇」

「更積極拜訪客戶，以達到業績目標」

「建立和上司之間的信任關係」

「更積極提出全新業務的企劃」

身為管理階級，在面對下屬的目標設定或人事考核時，對於以上這些行為目標，有時會要求對方「改成可以透過數字判斷的行為來表示」。同樣地，面對自己的學習目標，也應該用數字來管理才對。

請各位依照MORS法則，將目標徹底具體化。尤其當中的「M=Measurable（可測量的）」更是重要。目標裡頭一定要包含期限或分數等可以量化的要素。

我在面對最喜歡的跑步時也是一樣，如果只是給自己訂一個「希望可以跑得更快」等不清不楚的目標，計畫通常都不會太順利。

不過，如果加入具體的數字，例如「希望兩個月後可以一口氣跑完三十分鐘不休息」，或是「希望年底之前可以在三十分鐘內跑完五公里」等，最後是否達成目標就變得一目瞭然，而且需要重新檢視調整的部分，也會變得更明確。

圖2-2：「MORS法則」實踐範例

【1】思考學習對象、目的和方法

學習對象和目的	方法和數值目標
例）網路流量的基本分析	・每個月讀完兩本專業書籍 ・半年內取得○○證照

【2】依據MORS法則，試著將行為具體化

■ M=Measurable（可測量的）
在工作繁忙、沒有任何知識基礎的狀態下，有可能「每個月讀完兩本」專業書籍嗎？

■O=Observable（看得見的）
資格證照的相關學習要安排在何時進行？如果是課堂式的學習，安排在週末是否比較恰當？

■R=Reliable（可靠的）
週六有時必須參加孩子學校的活動，所以安排在週日比較恰當？或者利用平日的通勤時間來學習比較可靠？

■S=Specific（具體的）
如果每個月要讀完兩本書，差不多兩週得看完一本才行。
如果找不到完整的時間，乾脆就利用零碎時間分段閱讀。

【3】重新審視數值目標

・每個月讀完兩本專業書籍→平日下班回家前，先到咖啡店花二十分鐘的時間看書，十天看完一本。

・半年內取得○○證照→每週日花三個小時學習

《POINT》
■以過去的生活習慣為基礎，找出絕對可以做到的「時間」和「場所」。
■假使找不到完整的時間學習，分段進行也可以，重點在於養成習慣。
■設定一個日後一定「可以測量得出來」的目標。
■嘗試進行之後，假使發現行不通，再重新調整數值目標。

目標數值慢慢增加就好

設定目標數值時很重要的一點是：一開始不要設定得太高，差不多感覺不太夠的程度就行了。

當學習比想像進行得更順利，進而往上修正目標時，會讓人感覺非常開心，產生強烈的自我肯定。相反地，往下修正目標則會讓人變得沒有自信。因此，只要當目標一步步達成之後，再慢慢提高就行了。但偏偏就是有很多人會逆向操作。

如果一下子將目標數值設定得太高，學習一定會變得非常辛苦。舉例來說，假設一下子太貪心，將目標設定為「每個星期念五天書，每次一個小時」，就算一開始勉強做到，後來一定會後繼無力，最後可能持續不到一個月就放棄了。

相反地，假設將目標設定得低一點，例如「每週兩天，每次約二十分鐘就好」，就很有可能可以持續下去。等到這種「每週兩天，每次二十分鐘」的頻率已經成為習慣，感覺「可以做得更好」的時候，再增加次數或延長時間就行了。

做任何事只要持之以恆，就會看到成果。不過要做到持之以恆非常困難。如果將目標設定得太高，高到連自己都覺得「真的得做到那種地步才行嗎」，這樣一來，就會讓人對持之以恆感到遲疑。

總整理

將數字填入目標設定表中

下一個階段就要進入行為設計了。

在這之前，讓我們先把目標化作數字，做最後的確認吧。請各位將期限和目標數值，填入下頁圖2-3的表格當中。

假設下一個階段的「行為設計」一切都按照步驟，最後卻不見成果，有可能就是一開始設定的期限或目標數值不合理，或是行為設計得太簡單。這種時候，就得回頭檢視這張表格，重新設定目標數值。

圖2-3：目標設定表範例

目標		
學習網路流量分析，將廣告效果化為實際數字，並進一步完成分析		
學習的內容		
每個月讀完兩本專業書籍		
（行為目標）	（期限）	（是否做到）
例）平日下班回家前，先到咖啡店花二十分鐘的時間看書，十天看完一本	×月×日 ｜ ○月○日	○

《POINT》

■將化作實際數字的行為目標和期限、是否做到等項目，整理成一目瞭然的表格。

■一開始先不要設定「過高的行為目標」。

■先花一兩個月的時間「試做」，檢視自己能否持續進行下去。

■透過檢視的結果，逐步調整行為目標。

3章

擬定可輕鬆達成的學習計畫

接下來這一章將針對本書最重要的部分——「行為設計」進行說明。

要想確實做到行為設計，必須先瞭解一些方法，包括「安排進度的方法」、「設定小目標」、「強化」、「營造環境」等。所以這一章的內容會稍微較長，不過我會在內文中穿插分享自己的經驗，盡可能用簡單易懂、具體的方式來說明。就請大家放輕鬆，繼續看下去吧。

Step3

《規劃行動》

準備篇 瞭解邁向學習的「自己」

發現學習目的，並利用具體的數值設定好目標的各位，接下來終於要進入行為設計的階段了。在這之前，必須先針對「決定邁向學習的自己，究竟是個什麼個性的人」，有正確的瞭解。

各位或許會覺得「為什麼要這麼拖泥帶水」。不過，想必各位都是因為「想學習卻進行得不順利」而不知如何是好，所以才閱讀本書的吧。既然想開始嘗試新事物，難道不是順著這股心情去嘗試就好了嗎？為什麼會不順利呢？其實這當中隱藏著人類的難題。

這恐怕是因為，各位其實對自己並不瞭解，所以當你想學習新事物時，才會不斷受挫。想擺脫這種白費工夫的困境，各位最好先瞭解自己的個性。

過去的學習無法持之以恆的原因

無論是不是商務人士，很多人都會在一年之初下定決心「我今年一定要○○」，而且訂定具體的計畫，嘗試進行。但是過沒多久，計畫就漸漸被埋沒在忙碌的生活當中。

像這樣無法達成目標的情況，大概可以分為兩個原因：

一是因為「不知道方法」。

另一個原因是因為「雖然知道方法，卻無法持之以恆」。

剛進公司、經驗尚淺的新鮮人等，應該大多屬於前者，例如「根本不知道法人業務該怎麼做」。以這類的情況來說，就得先從問候和打電話的方法等一一仔細教導，才有辦法進行。

不過，也有些人已經有多年的經驗，對於工作的一連串作法也完全瞭解，可是卻交不出成果來。這全是因為他們對於從預約會面、拜訪客戶，到提案之後的後續追蹤等一連串重要的行為，無法從頭堅持到最後，直到交出成果為止。

各位對於自己接下來要學習的事物該怎麼做，想必應該都很清楚。例如以學習英語會話來說，各位一定都知道必須聽錄音教材、背單字才行。雖然都知道，卻見不到成果，就是因為無法持之以恆。因為所謂的持之以恆，真的非常困難。

這個道理不只是學習，減重和戒菸也是一樣。雖然很清楚「怎麼做」才能實現目標，卻無法堅持下去。而之所以無法堅持，全都是因為不知道持續不斷的方法。

這一點非常重要，各位最好謹記在心。

該保持持續不斷的是「行為」

有些人或許不懂「不知道持續不斷的方法」指的是什麼。他們以為：「只要每個星期做到事先決定好的兩次學習就好了，這種事我知道啊！」

不過，大多數的人都是靠意志力在做。這樣是行不通的。

各位覺得對一個開始嘗試新事物的人來說，是什麼讓他持續堅持下去、直到達成目標為止的呢？

各位或許會想到耐心、幹勁、認真的個性、充分的動機等。不過事實上，這些要素都是可有可無。真正重要的，是持續不斷反覆的行為。

舉例來說，背單字需要的並不是「我要開始背嘍！」的意志力，而是從包包裡拿出單字本、打開、邊看邊背書上的單字等一連串的行為。只要不斷反覆做到這些行為，自然能看見效果。

工作也是一樣。舉例來說，想必應該不少人都有以下的經驗。

「原本打算在家寫完企劃案，再向社長和上司提案。結果因為太忙，就一直擱著。後來剛好有空，乾脆一鼓作氣專注去做，沒想到一下子就完成了。」

各位或許會覺得，對這時候的「完成企劃書」來說，剛好空出來的時間，以及瞬間的思考力和專注力等非常重要。

不過事實上，只要每天持續做到「晚餐後不要再東摸西摸，馬上打開電腦」、「開啟企劃書的檔案」、「開始寫東西，就算只有十分鐘也好」等一連串的行為，恐怕企劃書早就完成了。

也就是說，與其靠意志力，不如把重點放在行為上，設計出一套方法，讓自己可以反覆做到這些行為，這才是最重要的。

順帶一提的是，人類會希望反覆持續進行的行為，大致可以分成兩大模式。也就是增加不足的行為，或是減少過多的行為。各位接下來要進行的學習，就是屬於前者，戒菸和減重則是屬於後者。

不論是持續增加不足的行為，或是持續減少過多的行為，行為科學管理的方法，就是讓這個「持續不斷」能夠確實地發生。

能夠「持續不斷」，是因為會帶來正面結果

各位應該都希望自己能夠持續不斷做到有助於提升學習成果的行為。所以在這裡我要先為各位說明，「人為什麼會反覆做出期望的行為」。

在行為科學管理當中，會用「ＡＢＣ模式」的概念來分析人的行為理由。

在瞭解「ＡＢＣ模式」時，我經常利用以下的例子來說明。

假設各位現在配戴著眼鏡或隱形眼鏡。當我問「為什麼要戴？」時，大多數的人會回答：

「因為視力不好。」

之所以配戴眼鏡或隱形眼鏡，不過只是因為視力不好這麼一個最初的理由。在行為科學管理上，將這個理由稱為「前因」。

接下來，各位之所以繼續配戴眼鏡或隱形眼鏡，並不是因為視力不好，而是因為配戴了之後可以看得更清楚。也就是說，因為得到「可以看得更清楚」的「結果」。

假使配戴之後覺得不適合，或是眼睛痛、感到不舒服，應該就不會再繼續配戴了。

A＝Antecedent（前因）

B＝Behavior（行為）

C＝Consequence（結果）

以上就是「ＡＢＣ模式」的三大要素。我們一開始當然要從「前因」著手，但是否能夠不斷持續反覆做到，就要看「結果」了。

圖3-1：運用「ABC模式」設計行為的範例

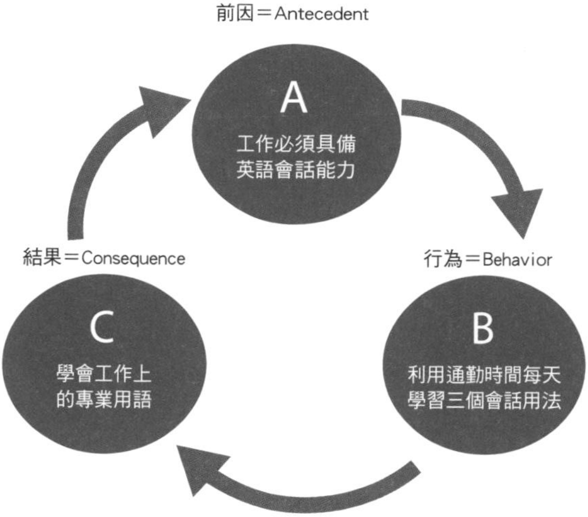
前因＝Antecedent
A
工作必須具備
英語會話能力
行為＝Behavior
B
利用通勤時間每天
學習三個會話用法
結果＝Consequence
C
學會工作上
的專業用語

最重要的，是達成簡單的小目標，進而持續學習。
而不是一開始就以流利的英語能力為目標。

假設基於「工作需要必須具備英語會話能力」的前因而開始學英文，光靠這樣，並不會促使學習的行為持續發生。要持續學習，必須要具備「做了以後可以得到正面結果」的情況。

這種時候，要想達到「英文變流利，因此受到公司重用」的結果還太早，不可能在短時間內達成。所以必須先自行設定一個由小小的簡單行為帶來的「小小的正面結果」，透過不斷反覆做到小小的簡單行為，最後達成大目標。這就是行為科學管理的方法。

小心「大魔王行為」

像學習這種增加不足的行為的情況，還必須要小心「大魔王行為」這種扯後腿的情況發生。說到底，期望發生的行為之所以不足，原因原本就有很多。

多數商務人士最常出現的原因，就是「忙到沒有時間」。不過，其實根本不可能忙到「完全沒有時間」。真正的原因，其實是「嫌麻煩」。

雖然知道該怎麼做，但因為不是做了之後就能馬上見效，所以感到厭倦，因此大部分的人最後都會挫敗。這就是為什麼上一節才提到的「ＡＢＣ模式」當中的「正面結果」很重要的原因。

另一個棘手的情況是，好不容易擠出時間學習，卻將寶貴的時間浪費在其他沒有意義的事情上。

例如，好不容易騰出約三十分鐘的時間練習英語會話，才剛翻開課本，手就伸向一旁的手機，開始瀏覽起社群媒體的動態。或是突然開始整理書櫃，或是突然想挖耳朵等，這些各位應該都有經驗吧。

這些瀏覽社群媒體、整理書櫃、挖耳朵等，就是阻礙原本期望發生的行為的大魔王行為。

大魔王行為的發生，都不是受人指使，全是自己的主動行為。所以，只要自己不做出這些行為就沒事了。不過這其實很難，因為人無論做任何事，就會想「找事偷懶」。就算再怎麼要求自己「不能做」也沒用，必須靠某些方法，讓自己無法做出這些大魔王行為。

「行為改變」的五個階段

上述內容中一直提到「方法」，這其實是擬定學習計畫時，千萬不能遺漏的重點。

我再重申一遍，各位的學習如果想見到成果，需要的不是幹勁或耐心，而是持續不斷的方法。

各位雖然非常清楚學習的方法，但因為不知道持續不斷的方法，所以才會一再受挫。

人很難改變長年累積下來的習慣。各位身為商務人士，想必都已經有一套自己的做事方法。現在身為管理階段的人，由於要考量的比年輕時代來得多，因此無論是時間運用或事物的進行上，應該都有自己的習慣了。

這時候，硬是要加入新的事物，並且變成一種習慣，不是一件簡單的事。雖然以行為科學管理的理論來說，這其實不難，但如果想靠意志力達成，根本不可能。

人的意志力沒有那麼堅強，不但容易感到厭倦，而且還會想用輕鬆的方式達成，或是嫌麻煩而想放棄。

因此，當人在養成新的習慣時，最重要的是一點一點慢慢地改變。

這就叫作「行為改變理論」（Behavior Modification）。

在行為改變理論當中，有所謂的「分階模式」，將人改變行為的過程，分成五個階段來思考。

無意圖期（precontemplation）＝沒有想過要在六個月內改變行為

意圖期（contemplation）＝想在六個月內改變行為

準備期（preparation）＝想在一個月內改變行為

行動期（action）＝改變行為還不到六個月

維持期（maintenance）＝改變行為超過六個月

也就是說，只要持續六個月，就能達到「維持」的階段了。

各位在面對學習時也是一樣，必須瞭解自己目前處在哪個階段，再配合各個不同的階段，給予自己動力。

各位或許會覺得「我已經打算開始學習了，應該沒有所謂的無意圖期吧」。這時候，只要知道「如果一直停滯不前就糟了」，可以促使自己踏出行為改變的第一步。

在意圖期時，建議各位可以為自己重新評價。例如過去一直覺得沒有學習習慣的自己很糟糕，不過相反地，對於開始學習的自己，可以給予正面的肯定。

在準備期時，建議可以放輕鬆，對接下來自己要做的事抱持信心，而且還要向身邊的人宣告自己的目標。

最後的行動期和維持期，就和「ＡＢＣ模式」說明的一樣，是落實期望發生的行為，直到可以反覆持續的階段。因此，在行為改變理論當中，同樣也主張借助方法的力量，包括犒賞自己、身邊的支持等。

我再重申一遍。

各位之所以能達成目標，靠的並非意志力。只有透過方法，反覆做到期望發生的行為，進而一步步改變，才有可能達成目標。

實踐篇

一定能做到的行為設計

接下來終於要開始設計學習行為了。

行為設計包含以下幾個要素：

Ⅰ 安排進度的方法

Ⅱ 設定小目標

Ⅲ 強化

Ⅳ 營造環境

Ⅴ 仰賴工具

這些一定都要確實做到，少了任何一項，大抵都會失敗。

不過實際上，大約有八、九成的人都會以為「學習必須盡早開始」，於是疏忽了行為設計這一步，劈頭就朝著目標行動。

有一位四十多歲的製造業經理，最常說的一句話就是「我這次一定要把英語會話學好」。一開始他總是幹勁十足，不過等到下一次再見到他時，早就已經鬥志全消了。

他總是興致一來就報名英語會話課程，或是一口氣買下整套的聽力教材，一開始就砸了大把銀子。

「只有這麼做，我才不會中途放棄。因為都已經花了這麼多錢了，就算不願意也得努力學。」

不過，最後他還是半途而廢。這全是因為他完全沒有做到行為設計的緣故。

接下來我將針對上述的五大要素，依序為各位說明究竟該怎麼進行行為設計。

I 安排進度的方法

失敗的Ａ：「既然決定要學習，就每天一個小時吧！」
成功的Ｂ：「我真的有時間學習嗎？」

檢視過去的行為

假設可以達到成果的學習方法就是「行為的累積」，這時候就必須客觀地思考，要怎麼把這個行為融入自己的生活中。

首先，先從檢視自己的生活模式開始吧。

請各位回顧自己的行事曆或手機日曆，將過去約兩個星期以來的所有行程寫下來。沒有固定生活模式的人，可以從一個月前開始回溯。如果覺得這麼做太麻煩，就會認為「我果然沒有時間學習」而又回到原點，因此，請各位一定要確實做到這個步驟。

接下來，檢視自己寫下來的行程，找找看還有哪些空檔時間可以利用。或許找不到真的什麼事都不用做、完全放空的時間，不過像是通勤途中約二、三十分鐘的時間，或是午餐後約十五分鐘的時間等，應該還是會有一些短暫的空檔可以用來學習。根據每個人的狀況不同，應該多少都能找出一些空檔時間才對。例如「每週三都要拜訪客戶，只要早一點到，就一定會有十五分鐘的空檔可以運用」。

包括這些空檔時間在內，把上班前、下班後、假日等所有可以用來學習的時間，全部列出來吧。

寬鬆地安排進度

鬥志滿滿的各位，想必一定擠出不少空檔時間了吧。不過，千萬不要以為把這些所有時間都用來學習準沒錯。

剛開始的前三個月左右，關於學習進度的安排，請先盡量寬鬆。例如每週二至三次，每次十五至二十分鐘。以這樣的安排來說，一週的學習時間大約共計是三十至九十分鐘。

各位不需要擔心「時間這麼少，什麼都學不到吧」。我希望各位在前三個月務必要養成的重點，其實是「用這種方式，我也可以持續下去！」的自信。以作為開始來說，「進度寬鬆到好像不太夠的感覺」，就是一種非常成功的作法。等到可以順利持續長達三個月之後，再慢慢增加學習的時間。

請各位回想一下前面88～89頁提到的「行為改變理論」。在新的行為變成習慣的「維持期」之前，其實真正需要的時間長達六個月以上。因此，在這一半時間的三個月內，比起學習的內容本身，我希望各位先把重點放在行為的習慣化上。

各位是想藉著本書學到「學習的習慣」，或者只是想在短時間內學到知識，足以應付眼前的工作就好？

如果是前者，請一定要重視「一步一步慢慢進行」。

以「決定了就一定要做到」為前提重新思考

在這裡有一點要注意的是，一旦決定之後，一定要把時間用在學習上。只要有一次覺得「今天就當作例外，應該沒關係」而沒有學習，到最後例外的情況就會經常出現，這樣永遠都無法養成習慣。

真正重要的，是確實地持續「做到」。要想確實養成學習的習慣，一開始可以盡量安排得寬鬆一點。

安排好寬鬆的學習計畫之後，再回頭重新檢視一遍，問問自己：

「接下來的三個月，自己真的可以依照決定好的時間，確實做到學習嗎？」

如果對某些安排沒有信心，就重新調整。如果覺得「可以輕鬆做到」，就依照計畫去做吧。

在這三個月當中，假使覺得「太輕鬆了」，可以再增加一次學習時間。只不過，這個時間也一定要用在學習上，絕對不能有例外。

經過三個月之後，如果想增加學習時間，也要問自己：「是否可以依照時間安排確實做到？」養成查證的習慣。而且要將「應該勉強做得到吧？」這種模稜兩可的情況完全排除在外。

另外，第一線兼任管理職的三、四十歲世代的人，在時間安排上最常出現的情況是：「盡可能提早結束每個星期的例行會議，把結束後空出來的時間用來學習。」但是，這種安排到頭來經常會出現突發狀況，例如同事有緊急事件前來討論等，使得原訂的時間無法用來學習，沒有辦法保持固定的學習時間。各位在安排學習計畫時，最好也要將這種不確定的狀況排除在外。

A：「十五到二十分鐘學不了什麼。乾脆平日就算了，星期六再利用整天來念書吧。」

B：「平日電車通勤就已經很累了，乾脆就利用星期五週末這一天來念書就好，一次十五分鐘，而且要避開人潮最多的時間。另外，再利用星期一和星期三下班回家的途中，到咖啡店邊喝咖啡邊簡單做個二十分鐘的學習吧。」

A在剛開始的兩三週，或許還能依照計畫進行。不過，之後隨著突然要加班，或是出席孩子學校的活動或婚喪喜慶等，一定會愈來愈難達成。更重要的是，這樣的安排根本就違背了「一步一步慢慢改變」的行為改變理論，肯定無法養成習慣，遲早會放棄。

反觀B的情況，下班回家的途中到咖啡店邊喝咖啡邊學習是一件令人放鬆的事，說不定學習時間會比原訂的二十分鐘要來得長。

圖3-2：行為設計範例～某業務課長的英語學習計畫

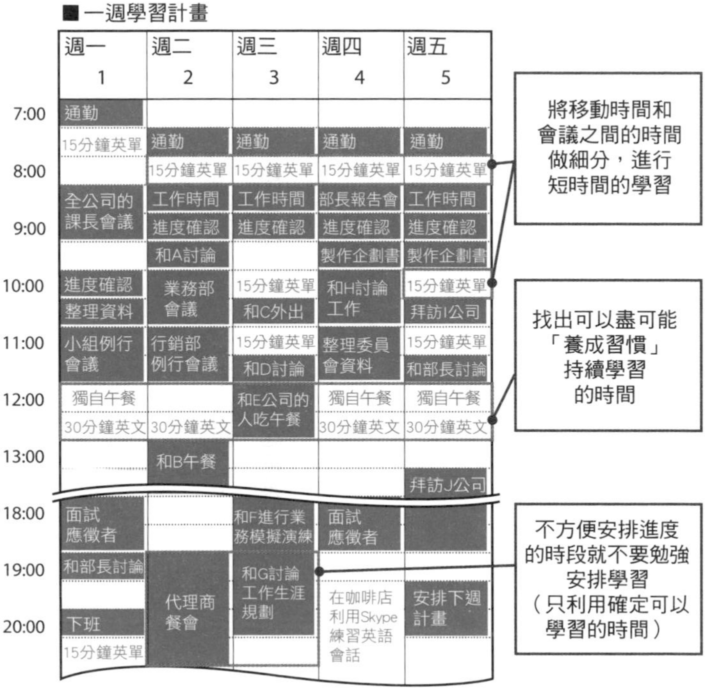

《POINT》

■利用可以擠出時間的時候學習，即便只有十至十五分鐘。

■原則上以「可以養成學習習慣的時間」為主來安排，並持續做到。

■一開始不要安排得太緊湊，做得來再追加也行。

■依照計畫進行之後，如果有做不到的情況，隨時重新調整行為設計。

成功挑戰全馬的學習過程

一直到四十歲之後，才開始跑馬拉松。當時指導我的教練，是個相當瞭解行為改變理論的人。

我自己雖然知道如何讓學習持續不間斷，不過對於跑步的方法，卻是一無所知。於是，我一開始先學習認識鞋子、衣服等應當具備的用品，等到一切都備妥之後，才開始學習跑步的姿勢。

一開始，我先從每週兩次，每次走路十五分鐘開始練習。

等到習慣之後，再將走路的時間延長至三十分鐘。

這種頻率也習慣之後，接著從三十分鐘裡頭，抽出五分鐘改為跑步。

等到可以跑五分鐘之後，接著是跑十分鐘，然後是十五分鐘，就這樣在三十分鐘內慢慢增加跑步的時間，直到最後成功跑完三十分鐘。

等到可以跑完三十分鐘之後，再慢慢增加每個星期跑步的次數，並拉長跑步的距離。就這樣，在不自覺間，我已經可以成功跑完四十二點一九五公里的全馬了。

II 設定小目標

失敗的A：「不要浪費時間，就直接一口氣挑戰目標吧。」
成功的B：「不可能不休息，否則中途就會後繼無力。」

把大目標看作是許多小目標組成的最終結果

有一位三十幾歲、任職於顧問公司的女子，她為了學習國際會計準則，特地花了近上萬日圓，買了一本厚達八百多頁的專業書籍來讀。她將書放在桌上，告訴自己：

「先讀完這本書吧。拚一點的話，應該一個月就能讀完吧。」

她翻開書從頭開始讀起，卻一直被艱深的內容和看不懂的專業用語卡住，幾乎讀不下去。即便刻意騰出時間專心閱讀，卻遲遲連一成的頁數都看不完。漸漸地她感到厭煩，最後就放棄了。

「現在不是看這種書的時候，還是想別的方法好了。最快的應該是報名專門學校的短期講座課程吧。不過公司又不能請假……」

當初特地買來的昂貴專業用書，最後只是用來積灰塵罷了。照這樣下去，就算透過其他方法，結果應該還是一樣。因為她一開始設定的「讀完」的大目標，其實就是個陷阱。她必須先向自己承認：「用一般的方法，這麼厚的書，根本不可能讀得完。」

如果把八百頁的專業書籍切分成八百個單位來看，無論是任何人，都會感到厭煩。換成是我，由於我習慣將紙本書轉成電子檔案隨身帶著走，所以我會把整本書透過掃描，以每十頁為一個單位，分成八十個PDF檔。也就是說，我不會要求自己讀完八百頁的內容這麼一個龐大的目標，而是把它分成每十頁為單位的八十個小目標。

或許有人會認為，將書轉成PDF檔不僅浪費錢，「而且把這麼一本昂貴的書拆開掃描，實在太浪費了。」但是，今天的目的是要透過學習得到結果，而不是保留完整書籍。要想持續學習，這種小事就應當毫不猶豫地去做才對。

將小目標分配到計畫中

接下來，我會思考要用什麼方式、多久的期限，讀完這些以十頁為單位的八十個檔案，將它一一做分配。

以上述顧問公司女員工的例子來說，可以分配成利用週一和週三下班的途中，到咖啡店一面喝咖啡，一面確實讀完一個檔案。接著再利用週五的通勤時間，簡單複習當週讀過的兩個檔案。

依照這個方法，一週可以確實看完兩個檔案（二十頁），一個月就能完成八個檔案（八十頁）。一本八百頁、內容艱澀難懂的專業書籍，十個月就能讀完。

當然，這只是一般的閱讀，真正的學習還分成許多不同的形式，不是簡單把厚重的參考書拆開就行了。不過，無論是哪一種行為設計，絕對都需要設定小目標。有了小目標，過程中才能不斷獲得成就感，順利讓自己達到最終目標。

此外，配合小目標確實「分配」學習內容，也是非常重要的重點之一。

分解學習內容，以利分配

就算再努力擠出學習的時間，如果不清楚自己要做什麼，最後可能也只是在白白浪費時間罷了。

有人會覺得「十五、二十分鐘這麼短的時間，根本什麼也做不了」。不過，這其實只是因為他們不會配合時間安排「該做的事」而已。

如果想在短時間內做到充分學習，巧妙地設定小目標，讓自己從中獲得成就感，就必須將學習內容做分解。

在針對第２章《ｓｔｅｐ２設定目標》所訂定的最終目標重新做檢視的過程中，應該會發現好幾個階段。我們就先把這些設定為小目標吧。

接下來，在達成這些小目標的過程中，一定需要不斷反覆做到一些小行為。我們可以將這些必要的行為，分配到決定好的學習時間內。當然，有時候會遇到「無法依照分配進行」的情況，這時候只要再重新調整就行了。如果只是傻傻地朝著大目標努力，根本連調整的機會都找不到。

設定小目標不僅可以讓自己獲得成就感，還能隨時做調整，因此可以盡量多設定幾個，愈多愈好。

A：「才進行到這個階段啊……那就更不能休息了。」

B：「太好了，已經做到事先設定好的階段了。」

A已經漸漸感到疲倦了。累了本來就應該休息，不過一想到自己距離大目標還有好長一段距離，根本就不敢停下腳步。就這樣不斷努力，卻感受不到相對的報酬，不知道自己還能撐多久。

相反地，B很快地就獲得了小小的成就感。順利的話，應該可以就這樣一路輕鬆達標。

為一百公里馬拉松設定小目標

要跑完四十二點一九五公里的全馬不容易，更別說如果是一百公里的馬拉松，可能會跑到人都暈過去了，還不知道什麼時候才是終點。

就算是因為喜歡才跑，過程中也會經常覺得「自己已經不行了」。但即使是這樣，每一次我還是都能成功跑完全程。這或許是因為我很擅長為自己設定小目標吧。

無論距離多長，我通常不太去想最後的終點。相對地，我會沿路為自己尋找小目標，例如：

「雖然跑得很痛苦，但還是先努力撐到那邊那棵樹吧。」

「再努力撐到下一個給水站好了。」

「如果可以撐到那個轉彎就太厲害了。」

像這樣為自己設定小目標，然後不斷反覆達成，即便是再困難的全馬，也可以成功完成挑戰。

III 強化

失敗的Ａ：「我才不需要什麼犒賞，只要把學習的成果發揮在工作上，受到肯定就行了。」

成功的Ｂ：「該怎麼犒賞自己呢……好想看電影，還是吃烤肉好像也不錯。」

事先決定犒賞自己的方法

在行為設計的階段，愈是認真老實的人，愈容易疏忽的一點是，設定「犒賞」。

像Ａ這種刻苦耐勞的學習態度當然很好，不過，讀過前述內容的各位應該也都知道，無論是持續做什麼，光靠「幹勁」是最愚蠢的行為。設計行為的前提，是你必須要瞭解到，人類是一種意志相當薄弱的生物。

因此，當你達到所設定的小目標時，不妨給自己一點犒賞，體驗一下成就感的甜美果實。小目標設定得愈多，犒賞自己的機會就愈多，學習也會變得更開心。

請各位回想一下84～85頁提到的「ＡＢＣ模式」。人之所以能夠反覆持續做到某些行為，是因為存在著「只要做到，就會有好事發生」的結果。因此最好的情況，就是可以事先知道「只要達到這個小目標，就可以得到○○」。

在行為科學管理當中，將對期望發生的行為具有強化作用的犒賞，稱為「強化因子」。以下幾項經常就被用來作為強化因子：

a 食物＝糖果、果汁、水果等

b 操作物＝玩具、裝飾品、趣味用品、文具等

c 針對視覺或聽覺的犒賞＝看電影、聽音樂、畫畫等行為

d 言語或行為方面的表達＝讚美、關注、微笑等行為

e 象徵物＝貼紙、印章、票券等

在這當中，「d言語或行為方面的表達」是當下屬做到期望發生的行為時，上司最常用來犒賞的方法。「e象徵物」指的是收集起來可以作為交換的工具，適合用來提升團隊士氣。

由於學習是一種自我管理，必須自己犒賞自己，因此最好加入「a」、「b」、「c」的要素。

犒賞自己的時候，如果是昂貴物品，或是需要大費周張準備的東西，反而會加重自己的負擔，造成反效果。不妨選擇一些自己原本就喜歡的事物，例如喜歡喝酒的人，只要依照計畫完成一週的學習，週末就可以喝兩瓶頂級啤酒。用類似這種方式去設定就行了。

各位也請想想看，對自己最有用的強化因子是什麼吧。

犒賞必須符合「PST」原則

前面已經提過，人之所以能夠持續反覆做到期望發生的行為，不是因為「ABC模式」當中的「前因」，而是因為做了之後可以得到正面的結果。所以我才建議各位事先決定好犒賞自己的方法。如果想讓犒賞＝強化因子發揮更大的效果，有一件事各位最好要先有認知。

在行為科學管理當中，會透過以下三個主軸來思考自發行為所得到的結果。

i 類型＝正面（Positive）或負面（Negative）

ii 時間點＝即刻（Sokuji）或後續（Atokara）

iii 可能性＝確定（Tashika）或不確定（Futashika）

（譯註：此處的英文為日語發音）

以「i 類型」來說，可以把正面結果視為積極性的強化因子，負面結果則為消極性的強化因子。

舉例來說，得到東西、變瘦、變健康、心情變好等，這些都可以算是積極性的強化因子。相反地，失去東西、變胖、生病等，就是消極性的強化因子。

「ii 時間點」是其中最重要的一個，指的是可以即刻獲得結果，或是後續才獲得。

「iii 可能性」意思是確定會得到結果，或是不確定。

根據這三個主軸，可以產生「PST」、「PSF」、「PAT」、「PAF」、「NST」、「NSF」、「NAT」、「NAF」等八種組合。

其中最常出現的是「PST」、「NST」、「PAF」、「NAF」四種。也就是不論正面或負面，結果是確實即刻發生，或是不確定後續會不會發生，這兩種情況對行為會產生很大的影響。

舉例來說，學英文有助於提升TOEIC分數，毫無疑問地，這當然是正面結果（P）。不過，這個結果不但許久之後才會發生（A），而且也不確定是否真的會發生（F）。在這種情況下，一般人就很難持續反覆做到學習的行為。

因此，我們應該要設定小目標，只要一達成，就立即給予事先準備好的犒賞。也就是說，最重要的是為自己準備一個：

正面（P）、會即刻發生（S）且確定（T）的強化因子

順帶一提，想戒菸的人之所以辦不到，是因為肺癌、心臟病等負面結果（N）會一直等到後來（A）才發生，而且也不確定（F）是否真的會發病。

圖3-3：行為設計中，正確與錯誤的「犒賞」範例

【正確範例】

- **P** ositive=正面
- **S** okuji=即刻
- **T** ashika=確定

→ 可以得到犒賞

例）

■只要讀完一本書（P），當週週末（S）就全家一起去餐廳吃飯（T）
■只要達成一個月的學習計畫（P），月底（S）就能去看喜歡的電影（T）

【錯誤範例1】

- **N** egative=負面
- **A** tokara=後續
- **F** utashika=不確定

→ 只能得到結果

例）

■為了不要變得更胖（N），三個月內（A）要減重十公斤（F）
■為了升遷（N），半年內（A）要取得〇〇證照（F）

【錯誤範例2】

- **P** ositive=雖然是正面的
- **A** tokara=後續
- **F** utashika=不確定

→ 只能得到結果

例）

■TOEIC考到750分（P），就在下一次的人事考核時（A），向公司要求加薪（F）
■為了健康（P），下個星期（A）開始慢跑瘦身（F）

比起這種情況，如果是被喜歡的對象嫌棄「菸味好臭，不要再抽了！」，這種負面結果（S）不但即時，而且絕對（T），因此說不定還比較有用。

無論任何情況，給自己的犒賞，最好一定要符合「PST」原則。各位就運用這個原則，為自己設計一個不必花錢、簡單又能確實得到的犒賞吧。

A：「在達成最終目標之前，最好先忍住不要享樂。」

B：「耶！達成小目標了！這就來去啤酒屋好好犒賞一下自己。」

A似乎還一直以為可以靠「幹勁」來強化行為。不過以現實層面來說，這並不可能，恐怕根本沒有辦法達到最終的目標。相反地，B已經輕鬆地達到強化行為的效果，確實地往成功一步步邁進。

我犒賞自己的方法

我自己一直都很遵守「事先設定好犒賞」的原則。例如在參加艱難的鐵人三項比賽之前，先具體決定好犒賞方式，如「如果成功完賽，就買○○犒賞自己」等。

不僅如此，每年年初在安排一整年的計畫時，我會先安排好出遊的時間，接著再安排工作。無論如何，絕對不能更動出遊的時間。

用這種方式，從來都沒發生過工作影響到出遊計畫的情況。

當然，各位的工作型態不可能和我完全一樣。不過千萬別忘了，我們之所以能夠努力工作和學習，就是因為後面有開心的事在等著我們。

很多人都會說：「等到現在手頭上的工作結束之後，馬上就來安排出遊計畫。」不過實際做了之後才會知道，這樣一來，永遠都不可能出遊。

IV 營造環境

失敗的Ａ：「既然是為自己學習，就要靠自己獨力達成。」

成功的Ｂ：「要是有人可以幫忙就太好了。」

不要勉強自己在辦不到的地方學習

在某一次的研習會上，有一位女聽眾向我傾吐她的煩惱：「我為了考取證照，利用每天早上的時間念書，可是卻完全沒有效果……」

她將鬧鐘設定比平常提早一個小時，好不容易起床、梳洗完清醒之後，坐到書桌前打開參考書。這時候，睡意就開始浮現。

她雖然知道「不能睡！」，卻還是爬回床上，告訴自己「瞇個五分鐘就好」。結果每天都睡到差點來不及上班才起來。

「好不容易都起床坐到書桌前了，為什麼又爬回床上睡覺了呢？我到底該怎麼克服自己薄弱的意志力？」她問我。

面對她的問題，我的回答其實很簡單：

「那就到沒有床的地方念書吧！」

她的問題就出在，她選擇了一個有床的環境來學習，所以當然辦不到。當人覺得「真的好想再多睡一會兒」的時候，如果幾步距離外就擺著一張床，任誰都無法抵抗誘惑。有時間感嘆自己意志力不夠堅定，不如趕緊改變環境。

仔細問過這位聽眾之後發現，她家旁邊就有一間二十四小時營業的家庭式餐廳。於是我建議她，早上起床之後，不妨換上輕便的外出服，拿著參考書，到隔壁的餐廳去念書。

後來，她每天早上就花一個小時的時間，到餐廳邊吃早餐邊念書，然後再趕回家準備出門上班。不久之後，她果然輕鬆考取證照。

當然，也可以先打理好一切之後再出門，到公司附近的咖啡店念書。

不論哪一種方法，只要讓自己處在沒有辦法睡覺的環境，自然就不會睡著了。這其實是個很簡單的問題。

為自己尋找支持者

和興趣不同，為了提升工作表現而學習，老實說並不是一件開心的事。本來就是因為不擅長，所以才要透過學習來加強。而之所以不擅長，就是因為不喜歡。

各位對於接下來即將開始的學習，一定要先有這層認知——接下來要做的事，並不是興趣，而是自己不擅長的事。

既然如此，最好還是不要想靠自己的力量達成。不妨為自己尋求一些可以協助學習的幫手吧。

假使身邊正好有和自己一樣準備投入學習的人，可以一起互相幫忙。除了互相分享有助於學習的資訊以外，也能約好利用早上等空檔時間一起念書。也可以加入一些遊戲的元素，說不定還能增加樂趣。例如早上偷懶沒來念書的人，中午就要請對方吃飯等。

除了一起學習的夥伴之外，也可以為自己尋找支持者。

最好的方法，就是向身邊的朋友或公司同事宣告自己的學習計畫。

例如：「我打算明年要考取○○證照，所以如果接下來我有任何懈怠，還請大家替我加油。」

這麼一來，應該就會有人隨時提醒你「有沒有努力在準備啊？」。就算大家都忘了也沒關係，因為既然已經告訴大家，就沒有辦法再回頭了，只能繼續努力。光是這樣就夠了。

家人是最好的支持

各位也可以請家人當自己的支持者。

如果是和家人同住，可以具體地用數字向家人宣告。例如：「我打算挑戰TOEIC七百五十分，所以在接下來的六個月當中，我每個星期要念三次英文，每次三十分鐘。」

不僅如此，也可以請家人監督自己的念書狀況，在自己偷懶的時候稍作提醒。

據說，最近有愈來愈多孩子喜歡在客廳念書。這或許是因為孩子覺得雖然有自己的房間，還有方便學習的書桌，不過在客廳念書，反而比較能專心。只要一旁沒有人，很容易就會做起其他事情來。這一點大人和小孩都一樣。

尤其是男性，因為覺得讓人看到自己努力的過程「很丟臉」，通常都會等到做出成果之後，才告知家人。不過，之所以會想「偷偷努力」，就表示已經覺得自己會失敗。從這一刻開始，就已經註定輸了。

要想成功，就先和這樣的自己說再見吧。

如果是自己一個人住，可以把自己的情況告知遠方的家人，請他們定期以e-mail或其他方式給予支持鼓勵。當然找朋友也可以，不一定非得是家人不可。

有彈性地選擇學習的「場所」

關於學習的場所，請用彈性的方式來思考。基本上只要可以專心，在哪裡都可以。對於每天被工作追著跑的商務人士來說，不可能花太長的時間學習。能夠專心三十分鐘，就已經算很好了。所以不是一定非要有個能夠好好坐下來的地方才能學習。

圖3-4：決定學習「場所」的方法

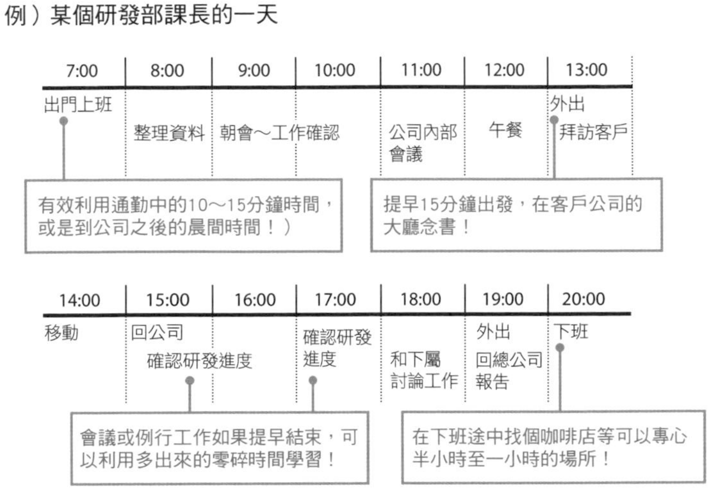

圖書館當然是選擇之一，除此之外，最好事先找幾個「可以專心三十分鐘左右的學習場所」，例如通勤車站附近的咖啡店，或是小小的公共空間等。

曾經有一位業務員，就是利用車站的長椅來學習。每當結束一連串的工作、準備回公司之前，他都會在途中的轉乘車站「花個十五分鐘」，坐在長椅上讀商管書。假使長椅坐滿了人，他只能站著看書，但十五分鐘對他來說，也似乎不以為苦。

各位不妨多一點彈性思考，不要讓自己因為「圖書館今天沒開」，或是「常去的咖啡店客滿了」等理由，找到偷懶的藉口。

排除大魔王行為

學習這回事，不是家裡有舒適的書房，念起書來就能更專心。因為家裡其實存在非常多會干擾專心的元素。

不小心就看起電視來了；不小心就逛起網路來了；不小心就和孩子玩起來了。

就像這樣，家裡有太多比念書更有趣的事物了。在這種地方一面抗拒各種誘惑一面念書，會讓人覺得實在是白費工夫。

在行為科學管理當中，將這些稱為「大魔王行為」。如果是在家學習，最好事先想好對策，不要讓大魔王行為有發生的可能。例如拔掉電視插頭、將手機關機，或是先放到其他房間。就算孩子吵著要一起玩，也要請他們先稍作等待，例如「先等我兩個小時」。

事實上，想戒菸卻戒不掉的人，家裡通常都有一個共通點。

那就是有菸灰缸。

「菸灰缸這種東西誰家沒有」。存有這種想法的人，永遠不可能戰勝大魔王行為。話說回來，既然已經決定戒菸，為什麼要留著菸灰缸？根本就是因為心裡存有「說不定還會再用到」的念頭吧。

同樣的情況，是否也正發生在各位身上呢？

「休息一下看個新聞好了。」

「還是把手機放在身邊好了，說不定會有工作上的電話。」

「陪兒子玩可是很重要的呢。」

各位是否也像這樣，在心態上對大魔王行為展開雙臂歡迎呢？

人其實比自己想像的還要懶，如果有比念書更快樂的事可以做，最後絕對不會是自己想的「做一下就好」而已。

因此，在行為設計的階段，必須把這部分也納入考量，事先決定好適當的學習時間和場所等細節。

V 仰賴工具

失敗的Ａ：「我要想辦法找回學生時代拚命念書的方法。」

成功的Ｂ：「擅用現在的智慧型手機來學習，實在太方便了。」

我常用的八種電子工具

現在和過去不同，協助學習的工具相當多元。特別是隨著智慧型手機的普及，不管是免費或需要費用，方便好用的手機應用程式愈來愈多了。

前述第２章《ｓｔｅｐ１找出目的》曾經提到，不建議各位只靠網路或手機應用程式來蒐集情報資訊。不過，在養成學習習慣的階段，倒是可以善用電子工具來有效提升成果。

以下就為大家介紹幾個我經常使用的應用程式。

Studyplus

日本最大的學習管理平台，據說使用人數超過兩百六十萬人。分為電腦版和手機版兩款。只要加入會員，系統就會將使用者學習過的份量轉化成圖表，讓你看見自己的學習進度。也提供各種學習方法，還能和其他會員線上交流。

時めも

這是一款可以記錄日期時間和簡單一句話的特製化iPhone應用程式，最適合用來記錄什麼時候做了什麼事。有四種顏色標記（紅、黃、綠、灰），可以依照自己的方式做進度管理，例如「背英文單字用紅色」、「聽語音教材用黃色」等。

自分ルール

分為iPhone和Android兩個版本，是一款用來做目標管理和培養習慣的工具。只要做到自己事先安排好的計畫就能得分，可以用遊戲的方式達到持續學習。

Wonderlist（奇妙清單）

同樣有iPhone和Android兩個版本，是一款非常方便使用的待辦清單應用程式。可以和他人共同管理，因此能夠將自己的學習計畫上傳，請支持者協助檢視是否完成。

List Timer

這是一款可以同時設定時間和鬧鐘的手機應用程式。想分割時間做專注學習時，只要事先設定好計時功能就行了。

語帳メーカー

這款應用程式可以利用iPhone，製作出以前學生時代用的單字卡。在擠得水洩不通的電車上背單字時，非常好用。

The Japan Times

英文報紙《日本時報》的線上版。對於一些不好意思公開閱讀英文報紙的人，只要透過手機，就不用顧慮太多了。

codebelle

一款用來學習程式設計的iPhone應用程式。將學習內容分成數個小階段，讓人可以利用空檔時間來學習。學習過程就像和老師對話一樣，感覺像是在接受個別指導，藉此達到學習的效果。

A：「要把學習變成習慣實在好難，真的非得要一直這樣下去嗎……」

B：「也就是說，只要能利用的東西，都可以拿來使用。這樣的話我或許也辦得到。」

以學習態度來說，A恐怕其實比B要來得認真。不過，最後可以慢慢養成學習習慣的人，其實是B。結果就是一切，「靠毅力努力學習」根本毫無意義。

身心管理也可以借助電子工具的幫忙

要想有效率地學習，身心狀態穩定，也是非常重要的一點。關於身體狀況的自我檢測，我同樣也是借助電子工具來進行。

舉例來說，我通常都會配戴有測量心跳功能的手表，而且測量結果會自動存入數據，讓我可以隨時掌握自己身心狀態的變化。

除此之外，我還會使用一款名叫「Spire」的穿戴式裝置。這款裝置只要藉由皮帶緊貼在腰部，就能針對使用者的步行次數、身體姿勢和呼吸狀態等做分析，即時提供建議，非常厲害。

當人專注在學習時，身體姿勢很容易會變得僵硬。這種時候，「Spire」會建議使用者站起來做點伸展運動，或是深呼吸等，讓自己稍微放鬆。

「Spire」還能結合iPhone的應用程式進行數據管理，使用起來更方便。雖然需要一些費用，但非常值得考慮。

4
章

確實持續不斷學習的訣竅

經過依照2～3章的《step1找出目的》、《step2設定目標》、《step3規劃行動》的方法概略實踐之後，想必各位「學習的技術」應該已經提升不少。

不過別忘了，就像我一再重申的，基本上人都是「懶散」的，而且「不會持之以恆」。

各位如果希望能夠繼續落實這好不容易學會的學習的技術，千萬不要忘了接下來要介紹的最後一個步驟——實際驗證。

Step4《實際驗證》

透過數值檢測是否真的已經學會

當下定決心「今年一定要○○」，最後卻遭受挫敗時，人通常只會給自己下一個「我又失敗了」的否定結論，然後就算了。

如果沒有針對「為什麼失敗」、「哪裡做錯了」好好驗證，同樣的情況只會不斷反覆發生。只不過，深入探究自己失敗的原因，是一件讓人感到沉重的事，所以大家才會選擇逃避，告訴自己「明年再試一次就好了」。

想當然耳，明年還是會得到同樣的結果。

要想斬斷這種惡性循環，必須驗證自己是否真的依照行為設計，確實地完成學習。

舉例來說，假設已經決定好「每個星期一、三、五共計三天，每次念書三十分鐘」。只要有做到，就在那一天畫上圓圈的記號；沒有做到就打叉，並確實記下理由。

這些自我檢測，最好是記錄在身邊的人都能看到的地方，例如客廳的月曆等。不能記錄在只有自己看得到的記事本、Excel檔案或手機裡。

最好的方法，是準備專用的檢測表。可以自製類似137頁的學習進度檢測表，張貼在最顯見、方便記錄的地方。

當檢測表上的圓圈愈來愈多，不僅會帶來成就感，也會產生「我辦得到！」的自我肯定。

在這裡稍微離題一下。有些上司不太擅長和下屬溝通，之所以會這樣，最明顯的原因，就是和下屬接觸的時間太少，而自己卻沒有發現。所以我經常要求大家：「請將你和每一個下屬接觸的時間，記錄在記事本或月曆、Excel上。」這麼一來，溝通的次數，以及每一位下屬之間的時間差異等就會一目瞭然，也就能知道原因出在哪裡了。

學習也是一樣，如果沒有仔細記錄和觀察，是無法看見真正的問題的。即便原本可以透過調整次數或時間達到改善，一旦疏於自我檢視，根本不會知道問題所在。

如果太勉強，就降低難度

在驗證自己是否依照計畫學習的過程中，如果發現經常做不到，不妨試著減少學習次數，或是縮短每一次的學習時間。

最重要的是不要掉進「自己根本做不到，放棄算了」的極度負面思考陷阱當中，而最後放棄。

無法依照計畫進行的原因，大致可以分為「一開始設想得太容易，事實上根本擠不出時間」，以及「時間是空出來了，不過卻不想念書」等兩種情況。

如果是前者的狀況，可以回到ｓｔｅｐ３提過的「Ｉ安排進度的方法」，找出更適合的學習時間。

假使是後者，不妨可以降低行為的難度。例如只要拿出教材放在桌上，或是只要戴上耳機就好。一旦連續做到三次，就可以視為一大進步。

除此之外，也要重新再針對大魔王行為做檢視。

「不想念書」的時候，是處於什麼樣的環境中？是不是一旁就有電視？或是不小心就開啟網頁逛了起來？還是看到一半的書就放在旁邊？

假使想到可能的原因，從下一次開始，就要想辦法讓這些行為變得「辦不到」。

嘗試輸出，以確認成效

念書是一種輸入的過程。要想知道究竟完成了多少輸入，除了測量時間以外，還必須包括內容的掌握程度。

這種時候，建議各位可以定期做輸出測驗。

我在開始學習正確的跑步方法時，一開始就先替自己報名了好幾個十公里的馬拉松大賽。接著，我透過這些比賽發揮過去所學，反覆檢視自己「確實學到了什麼」、「哪些部分學得還不夠」等，好讓自己接下來可以達到更有效率的學習。如果各位現在正在準備資格考試或TOEIC等，不妨可以定期為自己安排模擬測驗。

最好的作法是，在一開始就先安排好模擬測驗的計畫。如果打算等到「有實力了再來安排」，將無法準確掌握輸入的程度狀況。既然是模擬測驗，就不要在意分數，儘管事先做好安排就對了。

假使是工作技術方面的學習，可以拜託上司定期和自己進行業務模擬演練。這種事有助於提升工作表現，上司應該會樂於協助才對。而且還要請上司針對自己需要再加強的部分，盡量提出意見。

這些查證的目的，全都是為了瞭解到目前為止的學習成效，不是為了拿高分或受到上司的肯定。所以請各位不要逞強，就以當時的狀態來進行查證就行了。

不要期待做到完美

有時候覺得「自己已經非常努力了」，但模擬測驗的結果，分數卻意外地低。或是陪同進行業務模擬演練的上司，最後竟然做出「還需要再多努力一點」的評價。這時候感到沮喪是正常的，儘管失望難過沒關係。不過，千萬不能把情況想得太嚴重。

在持續學習過程中，最大的忌諱，就是「要不就不要做，否則就要做到最好」的想法。有些人會因為覺得「如果這麼努力，最後只得到那麼一點成果，乾脆算了」，於是放棄繼續學習。這其實非常可惜。

對學習來說，「一點一點進步」就已經相當足夠了。請各位回想一下第3章《step3 行為設計》中提到的行為改變理論。重要的其實是「一步一步慢慢來」，沒錯吧？「突飛猛進」不會讓自己養成習慣，但「一點一點進步」的累積，反而會讓行為順利地變成習慣。所以才說這樣就夠了。

因此在查證時，要抱著「2也好，3也好，15也OK」的想法去進行，而不是「要不就不要做，否則就要做到最好」。

有時候也會中途放棄

雖說好不容易下定決心開始學習，放棄實在很可惜，但我的意思並不是完全否定中途放棄的情況。很多時候就算放棄也沒關係。

不過，就像投資股票很難設定「停損點」一樣，人通常會因為不甘心已經投入的金錢，以至於做出更糟糕的選擇。

舉例來說，假設有個工程師為了取得IT相關證照，努力準備了大半年的時間，最後卻發現「就算考取證照，也沒什麼太大的用處。比起這個，從日後的工作來看，機器學習好像比較有用」。

這時候最合理的作法，應該就是放棄準備證照，趕緊投入機器學習或人工智能開發的學習。然而，一般人卻經常會因為覺得「已經花了大半年的時間，不能白白浪費」，最後做出「還是先努力考到證照再說吧」的結論。

當然，「清楚知道自己不需要再堅持下去」和「厭倦繼續做下去」，兩者是不一樣的。為了避免混淆這兩種情況，記得一定要隨時自我驗證才行。

將學習做具體化的整理

今後，當各位實際開始學習某件事物時，務必要隨時透過數值或標記圈叉的方式，針對學習進度的狀況做查證，並做好紀錄。用數值來做整理的習慣，會讓各位對於自己的學習習慣產生更大的信心。

就像前面提過的，假設做不到的情況愈來愈多，一般人通常都立刻受到影響而失去信心，開始感到擔心。不過，這時候的負面感受，其實是因為沒有具體掌握狀況所導致。

舉例來說，一想到「有堆積如山的事情非做不可」，任誰都會覺得自己快被壓垮了。然而，所謂的「堆積如山」，指的究竟是多少？五十件事情？還是一百件？或者是三百件？只要將數字明確化，再試著分配到計畫期限內，就會知道自己其實「辦得到」。運用本書的方法去學習，不只可以讓各位養成學習習慣，也會讓你在各方面變得更厲害。

圖4-1：學習進度檢測表範例

	目標			
	一年後TOEIC分數達到900分			
	小目標			
	1.每個月寫完一本試題冊		2.每個月上兩個小時的線上英語會話課程	
	單週進度	結果	單週進度	結果
0/00~0/00	試題冊A 1~2章	○	平日30分受講	×
0/00~0/00	試題冊A 3~4	○	平日30分受講	○
0/00~0/00	試題冊A 5~6	×	平日30分受講	○
0/00~0/00	試題冊A ~終章	○	平日30分受講	×
	結果	3勝1敗	結果	2勝2敗
0/00~0/00	試題冊B 1~3章	○	週末聽課1小時	○
0/00~0/00				
0/00~0/00				
0/00~0/00				
	結果		結果	
0/00~0/00				
0/00~0/00				
0/00~0/00				
0/00~0/00				
	結果		結果	
0/00~0/00				
0/00~0/00				
0/00~0/00				
0/00~0/00	模擬測驗課程			

《POINT》

■以月、週或一天為單位來設定「小目標」。

■用可以看出持續性的方式來整理進度（表格橫向或直向皆可）。

■定期回頭檢視，如果做不到，再重新設定小目標。

■盡可能養成習慣記下小目標的「進行時間」。

5章

透過六個範例學會「培養學習習慣的方法」

在這一章，我將為各位介紹幾個透過本書理論，實際將學習變成習慣的範例。這些範例當中的主角，全都是我周遭真實存在的人。但基於個人隱私的考量，在設定上做了一些改變。

這些人的年齡，都介於三十至四十歲的壯年期，在公司也都是課長階級，以第一線兼任管理職的身分，不僅要培育下屬，還必須提升自己的工作表現，相當辛苦。

在這種情況下，還決心想盡辦法擠出時間來學習，可見他們對於自己的處境都具備相當的危機意識。

不過，這些畢竟都是他人的例子，各位不需要完全照著做。只要知道這些人「大概是用什麼方式去實踐」一本書介紹的行為科學管理理論，這樣就夠了。

範例1

放棄英語會話教室課程，改以自學的方式，每週學習一百分鐘的T

（任職產物保險公司，40歲，男性）

〔踏入學習之前的情況〕

任職於大型產物保險公司的T，大學畢業後曾在好幾個地方分公司擔任業務助理，一直到最近才如願轉調到東京的總公司。

當初考量到小孩還在念小學，不想幫他轉學，於是T放下太太和小孩，五年來一直都是獨自一人在外地打拚。不過，藉著調回總公司的機會，現在終於可以回到當初結婚時以貸款買下的公寓，和家人一起生活了。

日本國內由於少子化造成人口銳減，保險需求的增加不如預期，因此產物保險公司都已經紛紛轉往以新興國家為主的海外開拓新市場。T在總公司所屬的商品企劃部，任務當然就是新興市場的開發。

因此，T和海外分公司的聯繫變得相當頻繁，經常需要用英文打電話，就連會議資料和e-mail也都要用英文來書寫。

不過，T的英文能力其實連出國旅遊在餐廳點餐都有困難。所以他總是想盡辦法盡量低調，每天都過得提心吊膽。

事實上，調到總公司之後，T馬上就報名了家裡附近的英語會話教室。因為畢竟是期盼好久才調到總公司，他希望自己無論如何都要做出點成果來。

正因為如此，他對工作完全不敢有任何懈怠。只要上司找他開會，他絕對不會用「今天我要上英文課」來推託，因此最長甚至曾經有兩個月都沒有辦法上課。再加上和海外分公司時差的關係，經常都是到了傍晚以後，工作才突然出現。

到最後，T決定辦理解約，放棄英語會話教室的課程。

「再這樣下去不行。可是，我要怎麼做才能學好英文呢？」

他一點頭緒也沒有。

〔實際採取的學習方法〕

首先，我請T先針對目標設定表認真思考。因為我希望他可以徹底想清楚，「自己究竟想達到什麼成果」。

T當初一直以為「想學英文就只能報名英語會話教室的課程」。他堅持一定要有具體完整的學習體制，所以對於「即便不多，但只要有效果就好」的輕鬆學習，一直不願嘗試。他一開始在目標設定表上寫下的，也是「英語能力變得和母語國家的人一樣流利」這種大目標。

但是事實上，T的工作所需要具備的英語會話能力，是正確理解保險相關的內容，並且能夠溝通。除此以外，對於其他方面並沒有要求一定要表達流暢。

於是，我請他降低目標，改成「能夠正確理解保險相關的英文，且能夠溝通」。

我們把期限訂為一年，每個月設定一個小目標，隨時查證進度的狀況。

接著，我請他檢視進度表的安排。

他很堅持「和家人相處的時間非常重要」，所以對於下班回到家後的短暫休息時間和假日，他希望可以和之前好長一段時間沒有住在一起的孩子們一起度過。

他一開始之所以下定決心學習英文，也是為了「想讓家人過更好的生活」。因此，從保持學習動機的角度來看，把和家人相處的時間用來學習，並不是一個好方法。

既然如此，最好的作法就是從「上班到下班」這段時間當中，想辦法擠出時間來學習。從T的家裡到公司，需要轉乘JR和地下鐵，時間分別約十五分鐘。扣除準備後剩餘的各十分鐘的時間，就完全用來學習。

具體的方式為，在人潮擁擠的JR車廂內，就聽英語會話的語音教材。由於是一般教材，內容較多是日常生活的對話，不過主要重點還是放在「讓耳朵習慣聽英文」上。當然，用的也不是CD教材，而是方便拿取的手機。

另外，在人潮較少的地下鐵，就用來背誦保險相關的英文單字。他要求自己重新檢視會議上拿到的英文資料等，從裡頭挑出不懂的單字，每天至少背下三個。

至於下班的通勤時間，就不用來念英文了。因為考量到這時候大多是和同事一起搭電車，實際上很多時候根本沒有辦法念書。

如果勉強安排學習進度，萬一做不到，就會有挫折感。所以最後他用了比較寬鬆的方式，也就是「如果是自己一個人搭車的時候，再利用時間來複習」。一開始T很擔心，不曉得「這樣真的行得通嗎？」。不過，實行了一個月後再查證，似乎已經可以感受到一點成果了。由於只有利用早上的通勤時間來學習，因此T完全沒有偷懶，確實做到每天持續學習。回過頭來才發現，自己已經比想像中學會更多單字了。

這時候T提議：「既然已經連續一個月都做到了，是不是可以把進度調整得更扎實一點？」

這也是許多剛開始嘗試學習的人都會誤入的陷阱。如果在這時候突然提高難度，一定會遭遇挫折。所以我建議他，與其這麼做，不如先針對確實做到持續學習這點，好好地犒賞自己一番。

T很喜歡「逛街、吃東西」，所以他把和家人一起外出用餐，當成是對自己的犒賞。只要連續學習一個月不間斷，月底就可以和家人一起稍微享受一頓大餐。

對於T和他的家人來說，共同討論「這個月要吃什麼好呢？」，就是最快樂的時光。也因為這樣，他說兒子每天都會告訴他：「爸爸，你今天在電車上也要努力念書喔！」讓他額外獲得了家人的支持。

如今，Ｔ已經利用這個方法學習將近半年了。這半年來，他完全沒有遭受任何挫敗，因此我在考慮，接下來可以請他利用午餐的空檔，多增加一些學習的時間。

圖5-1：T的一週學習計畫

■目的：一年內學會保險相關的英文，並且具備溝通能力

	週一 1	週二 2	週三 3	週四 4	週五 5	週六 6	週日 7
7:00					15分鐘聽力練習		
	15分鐘聽力練習	15分鐘聽力練習	15分鐘聽力練習	15分鐘聽力練習	15分鐘英單		
8:00	15分鐘英單	15分鐘英單	15分鐘英單	15分鐘英單	和紐約分公司Skype會議		
	瀏覽新聞	瀏覽新聞	瀏覽新聞	瀏覽新聞			
9:00	朝會	朝會	朝會	朝會	朝會		
		整理資料	整理資料				
10:00	小組會議	和美國分公司Skype會議		整理資料			
					策略會議		做家事
11:00	行銷部例行會議						
		董事會議題分享		人事會議		兒子的足球課	
12:00	午餐		午餐	和C部長午餐會議	午餐		
		午餐	30分鐘聽力練習		瀏覽新聞		
17:00	商品企劃部會議			課長會議			購物
		和A討論工作			和D討論工作		
18:00	商品開發會議		和巴黎分公司Skype會議		截止受理		
		和B討論工作					
19:00	整理資料	面試應徵者		和倫敦分公司Skype會議	整理董事會報告資料	到餐廳吃飯	
20:00	回家		餐會				
		回家			和米蘭分公司Skype會議		

《T所做的努力》

■通勤的10～15分鐘時間，一定用來學習。

■無法掌握確切計畫的晚上時間，索性就不用來念書了。

■利用午餐等「空檔時間」額外增加學習。

■一旦成功達成小目標，月底就和家人一起到餐廳吃飯，作為犒賞。

範例2 在找不出時間的兼任工作當中，養成學習習慣的Y

（任職網路創投，36歲，男性）

〔踏入學習之前的情況〕

Y一畢業就進入大型廣告公司工作，靠著幾次成功策劃大型企業行銷活動的優異表現，後來順利轉職到現在的公司。

當初獵頭公司找上他的時候，他正好擔任餐飲店搜索引擎網路行銷活動小組的組長。當時他的工作表現，獲得了現在的社長讚賞，於是紛紛將重要的工作交付給他。他被選為公司最新推動的業務計畫成員之一，甚至最近還被指派擔任手機應用程式行銷活動的統籌。

對工作充滿熱忱的Y，即便轉換工作到了新的環境，同樣展現出優異的工作表現，讓他「總算放心了」。不過另一方面，面對可以說是創投公司管理階段的課題，讓他傷透了腦筋。

所謂課題，指的是增加太多兼任的工作，讓他時間上變得無法調配。光是主要業務的搜索引擎網路行銷，就有許多非做不可的工作，包括針對多個廣告內容做網路流量分析和效果測定、撰寫當日報告、檢查廣告活動中使用的各種素材的著作授權事宜等。除了這些之外，還要和代理商溝通、出席新業務計畫會議、手機應用程式的全新行銷策略擬定等，幾乎每一季都會有新的工作。

他也曾向社長反映「希望可以增加人手」，但依舊趕不上不斷增加的工作量，到最後終於開始忙不過來了。

除了自己的工作以外，小組成員和其他部門的人，也會不定時找他討論工作，因此他每個星期的行事曆，總是排得密密麻麻。這種情況最終衍生出了一個新的課題——他開始漸漸跟不上日新月異的最新行銷手法。

之前任職廣告代理公司的時候，Y最擅長的就是提出令人耳目一新，且成本效益高的廣告企劃。不過現在，在上述忙碌的工作壓力中，「雖然知道自己必須多吸收學習一些有創意的企業案例，但以現階段來說，就連這一點也做不到。」這讓他開始感到焦慮。

〔實際採取的學習方法〕

「我想多學習一些企劃方面的東西。」聽完Y的工作狀況之後，我提出的第一個建議是：「在增加吸收之前，我們先來整理一下你的工作狀況吧。」

在第3章的「行為設計」中曾經提到，一開始應該要做的，是整理自己過去的行事曆。以Y的情況來說，由於兼任的工作太多，讓他感到被壓得喘不過氣來，因此我請他暫時先冷靜下來，仔細統整自己全部的工作量究竟有多少。

一開始他表示「突發性的工作和討論太多了，根本沒有辦法整理」，於是我請他以每十五分鐘為單位，寫出最近一個月內的所有工作。最後發現，主要有兩件事浪費了他許多時間。

首先發現的第一個浪費項目，是開會的時間。

包括和新業務團隊及數家代理商的例行會議，以及和社長之間的進度報告會議等，行事曆上預定的時間都是一個小時，不過實際上，很多都是十五分鐘至半個小時就結束了。於是我要求他：「除了過去一定會花上一個小時的會議之外，請將所有會議的時間，控制在三十分鐘以內。」

Y每個星期的會議，大概有十至十五個之多。光是把這些會議的時間縮短一半，每個星期就可以多出五個小時以上的時間。

接著發現的第二個浪費項目，是每個星期和行銷團隊成員所進行的個別工作會談。由於團隊成員很多都是經驗不足的年輕人，因此Y每天傍晚都會花三十分鐘的時間，討論他們白天遇到的問題。這部分其實很多時候都只是淪為當天的工作報告。因此我建議他：「乾脆暫時取消這個作法，改為每天早上大家一起花十分鐘開會。」

一開始我提出這個建議時，Y還有點猶豫不決，擔心「這樣一來在管理上會變得太鬆散」。

不過，等到真的實際嘗試朝會的作法之後，不僅能確實掌握每個成員的工作進度，甚至就連成員們的細微變化，例如「他好像有什麼煩惱」、「她最近似乎有點提不起勁」等，他也都能發現。如果太擔心，他就會主動詢問。這樣一來，也算盡到了管理責任。感受到朝會的效益之後，最後他取消了原本的個別工作會談，每個星期多出來的兩個小時時間，就用來當作「自己的時間」。

這樣一來，光是平日，就多出了七個小時的時間可以用來增加吸收。

接下來只要依照70頁介紹的「MORS法則」，設定一個可量化行為的目標就行了。

M＝Measurable（可測量的）
O＝Observable（看得見的）
R＝Reliable（可靠的）
S＝Specific（具體的）

Y的目標並不像考取資格證照一樣明確，因此，我請他以持續吸收行銷基礎概念和最新案例、並增加企劃靈感為前提，為自己擬定目標設定表。

最後，他為自己設定了好幾個小目標，包括「利用原本工作會談的三十分鐘時間，每天瀏覽國外企業的行銷案例」、「每個星期利用兩次以上的朝會時間，和團隊成員分享這些行銷案例」、「每個月最少讀一本菲利普・科特勒（Philip

Kotler）這些行銷理論專家所寫的專業書籍」等。

目標設定到現在，已經大約過了半年的時間。如今，他根據吸收學習得到的知識，正準備推動一項大型行銷活動企劃。究竟他的學習成果會以何種形式展現，這一點我也拭目以待。

圖5-2：Y的一週學習計畫

■目的：每週花七個小時的時間，學習最新的行銷案例

	週一 1	週二 2	週三 3	週四 4	週五 5	週六 6	週日 7
8:00							
	上班	上班	上班	上班	上班		
9:00	確認數字	確認數字	確認數字	確認數字	確認數字		
	團隊朝會	團隊朝會	團隊朝會	團隊朝會	團隊朝會		
10:00	和A討論工作	代理商C約見面	整理資料	和G討論工作	向社長做報告		
	和業務討論工作			代理商H約見面	向局長做報告		
11:00	策略會議	業務會議	應用程式會議	蒐集案例	施策檢討會議		
		蒐集案例				外出	
15:00	新業務會議	研發會議	和業務討論工作	課長會議			整理資料
		和D討論工作	蒐集案例				
16:00	和B討論工作		代理商E約見面	I公司記者發表會	和業務外出		
		蒐集案例	蒐集案例				
17:00	代理商B約見面	面試應徵者	董事會意見會議				
	蒐集案例			蒐集案例	蒐集案例		
18:00	組織調整會議	整理資料	和F討論工作	和業務討論工作	和研發討論工作		
				行銷活動進度報告	發表事前檢測		整理資料
19:00			出席外部講座擔任講師	和I討論工作	整理資料	閱讀	
		行銷活動企劃會議					
20:00	下班，閱讀			下班，閱讀			
		下班，閱讀			聚餐		

《Y所做的努力》

■將原本「以一小時為單位」的會議，盡可能壓縮在三十分鐘以內。

■將原本和團隊成員的個別工作會談時間，集結成每天早上的團隊朝會。

■利用縮減會議時間多出來的十五至三十分鐘時間，學習業界的最新案例。

■養成邊吃晚餐邊閱讀的習慣。

範例3

花十個月考取社會保險勞務士證照的R

（任職生活資材製造商，33歲，女性）

〔踏入學習之前的情況〕

R大學一畢業就以應屆生的身分，進入現在的公司工作。一開始她被分配到業務的工作，由於不喜歡，所以曾經考慮要換公司。不過，後來她被調到總務部，發現這裡的工作很適合自己的個性，加上她對後進非常照顧，因此深受上司的肯定，於是五年多來，一直都留在同一個部門。

R和家人同住，所以賺的錢都用來旅行和購物，愛怎麼花就怎麼花。後來，在一位要好的女同事轉調離開之後，R開始認真思考自己的將來。那位離開的女同事，被調到在關西的分公司擔任管理職。離開之前，兩人一同吃了一頓飯，作為餞別。當時聊到許多，最後得到的結論是：「到頭來還是不能指望公司。」從那之後，R就經常把「上司總有一天會換人」、「一直當個會照顧人的前輩，將來危險的是自己」等掛在嘴邊。

另一方面，那位離開的女同事，卻似乎有了不同的煩惱：

「看我好像很厲害，可以調到大阪。但你以為這樣很好嗎？看到那些快退休的前輩就知道，最後還不是只有被公司解雇的下場。」

同事的這番話，在R的內心引起了共鳴。她從過去就一直認為「反正自己對升遷什麼的根本沒興趣，只要能一直工作下去就好了」，因此不願面對最根本的問題。不過，藉由同事當上管理職之後，她才發現：「自己必須具備能夠讓自己一直留在職場上的技能才行。」

〈實際採取的學習方法〉

於是，R決定挑戰考取有助於總務工作的社會保險勞務士的證照。

她決定給自己兩年的時間，不過她私底下堅定地告訴自己：「一定要想辦法在一年內考上。」所以，她很快就完成了目標設定表。不過，在安排計畫表時，她提出了一個非常極端的方法。不曉得是不是因為對一直以來仰賴父母的自己感到反省，她提出「我想開始搬出去自己住，強迫自己念書」的想法。

但是，以客觀來思考，假使想專心念書，有家人的幫助反而更有利。自己一個人努力，一旦堅持不下去的時候，像R這種個性的人，一定很容易就感到挫折，對自己喪失信心，覺得「反正我做什麼都會失敗」。

於是我建議她：「既然報名證照課程也需要花錢，不如就等到考上之後，再搬出去吧。」此外，我也告訴她：「為了讓自己能夠堅持念下去，你必須比以前更仰賴父母。」

R的父母一直以來都很開心女兒可以住在家裡，絲毫不覺困擾。所以我才會建議她，在生活方面，可以比過去更仰賴父母的支持，包括聊心事、一起吃飯等。

R平日的工作大多屬於突發性質，較難擬定固定的計畫，因此她決定放棄平日，只利用週末來全力衝刺。於是她向父母提出要求，希望週末自己可以不用做家事，包括煮飯、打掃等，以便專心念書。

面對這樣的要求，父親向她提出了「最多兩年」的期限；母親則是開出「考上之後要帶我們去夏威夷旅行」的條件。就這樣，她很順利地獲得了父母的同意。

可能是為了感謝父母的體諒，一開始，R似乎有點拚命過頭了。星期六從一早就到補習班上課，星期天也窩在房間裡念書長達十個小時以上。果然，很快就出現反效果。一個月後，她變得十分討厭念書。焦慮的她，甚至還對特地為她準備宵夜的媽媽發脾氣，要她「別多管閒事！」。

於是，我請她重新檢視自己的學習計畫，稍做調整。我要求她星期六補習班下課之後，一定要換個地點，到咖啡店或圖書館再繼續念書，藉此增加一些休息的時間。

再來，我也建議她，星期日的學習最多控制在五個小時就好，傍晚之後改做點其他事情。

對此，雖然R表示：「我只有週末才能念書，如果不多念一點，擔心會考不上。」不過透過集中時間之後，發現專注力似乎變得更好了。

就這樣，在實際學習的過程中，R終於瞭解「太拚命反而會有反效果」的道理。

關於犒賞也是一樣。一開始R表示：「考上之後再去夏威夷好好犒賞自己一番就夠了。」不過，後來她也配合小目標做了一些調整。

R是個做事相當嚴謹的人，每個星期一早上都會檢視自己的學習進度。一旦沒有達到進度（雖然幾乎不常發生），下一個週末就會要求自己每天都要念書十個小時，相當嚴格。相對地，只要順利達到進度，隔週就會找一個平日的下班時間，好好犒賞自己一番。

犒賞的方法，有時候是看電影，或是買新衣服、游泳等。以前這些對她來說，並沒有什麼值得開心的。不過，現在只要想到「這個星期很努力念書，該怎麼犒賞自己呢？」這些事情變得比以前更有意義多了。

除了婚喪喜慶等活動以外，R一直保持每個週末持續學習。十個月後，果真順利考取社會保險勞務士的證照。最近，她正興奮地忙著安排和父母約定好的夏威夷之旅呢。

不過，光是考取證照沒有任何意義。今後她要思考的，是如何將證照活用在工作上。很重要的一點是，在今後的人事考核面談時，她必須不斷展現企圖心，讓自己能夠獲得有效活用證照知識的全新工作。

只不過，這次的經驗，似乎讓她強烈感受到「自己的人生變得不一樣了」。

這種「我好像可以做點什麼」的心情，或許就是她這次學習的最大收穫。

只要她能夠善用這次的學習方法，下回要挑戰新的學習時，一定也能充滿自信地堅持下去。

圖5-3：R的一週學習計畫

■目的：2年內考取社會保險勞務士證照

	週一 1	週二 2	週三 3	週四 4	週五 5	週六 6	週日 7
8:00	上班	上班	上班	上班	上班		
	確認學習進度						
9:00	文件確認	文件確認	文件確認	文件確認	文件確認	證照補習班	
		和A討論工作			董事會議準備		
10:00	總務部會議		文件確認	檢查合約	處理申請案件		在家念書
		會客					
11:00	處理申請案件	處理申請案件	處理申請案件	處理申請案件			
12:00	午餐	午餐	午餐	午餐	午餐	移動	午餐
						午餐	
13:00	會客	勞務會議	處理申請案件		和C討論工作		
				CSR會議			
18:00	委託網頁更新	轉職員工錄用說明會	人事會議	和B討論工作	會客	到咖啡店念書	
				行政工作			晚餐
19:00	處理申請案件		行政工作		下班		
	下班			下班		下班	
20:00			下班		自我犒賞（看電影）		
21:00		下班					

《R所做的努力》

■時間不規律的平日不安排學習，全部集中在週末學習。

■週六上午到補習班補習，下午換個地方再繼續念書。

■週日念書到傍晚六點半就好，免得拚過頭，造成反效果。

■週一早上回頭檢視前一週的學習進度，只要有達成目標，就利用週五晚上犒賞自己。

範例4

靠著「每個月參加一次讀書會」，揮別無用管理者名聲的S

（任職大型系統整合公司，35歲，男性）

〔踏入學習之前的情況〕

S在大學時念的是資訊與通訊管理系，畢業後考量到能夠活用所學的IT知識，於是進入了一家大型系統整合公司工作。這是一家從某個老牌電機製造廠的資訊系統部門獨立出來的公司，因此內部還保留沿用著年功序列制度。

S如願在三十歲之前成為工程師，經手過許多系統開發的案子，表現十分優異。不過，就在他三十二歲，也就是三年前，面臨了一個重大的轉變。

在這家公司，只要到達一定的年資，幾乎所有人都會晉升為管理階級。S一開始也以為「反正薪水會跟著調漲」，因此沒想太多就接下了課長的職務。雖然有些同事選擇以擁有特殊技能的專業人員身分繼續工作，放棄升遷，但S考量到「自己雖然也喜歡研發的工作，但沒有自信能夠一直在第一線保持優異表現」，因此決定藉著升遷的機會，開始學習管理。

一開始，他買了幾本專案管理的書，有時間的時候就讀一點，用這種方式來學習。不過後來，除了應對客戶之外，他又受任必須負責團隊成員的勞務管理，工作量一下子暴增。每到逼近研發系統的提交期限，就幾乎忙到一連好幾天都沒有自己的時間。

不過即便如此，他還是很認真面對每天發生的問題，一一完成工作。然而，離開第一線研發工作經過了兩年之後，終於，光靠「認真的工作態度」已經行不通了。

其中原因就在於，比起資深的專案管理人，S本來就嚴重缺乏管理技能。既然如此，他打算運用過去工程師的經驗，讓自己成為研發方面的主導者。不過，當他投入第一線的工作時，下屬卻只將他當成礙事的人，要他「專心推動企劃就好」。

IT產業的環境變化相當快，當下所學的技術和知識，不消兩三年的時間，就會變得過時腐化。尤其當他遇到運用雲端服務進行IT基礎架構的案子，以及結合貨物與網路的IoT系統案件時，都會自覺「自己過去具備的知識，在一些細節部分，都已經不符合時代運用了」。

〈實際採取的學習方法〉

管理和最新技術。S對於自己在其中任何一方都無法立足的現況，感到相當煩惱。和他聊過之後，我建議他：「既然你很努力想學習，卻沒有辦法持之以恆，那麼唯一的方法，只能強制改變你的行為了。」

我向他提出了一些建議，包括設定一個可以用數字來衡量的目標，而不是「我要學會管理」這種不明確的目標。接著，每當達成一個小目標，就「給自己一個正面（P）、即刻（S）且確定會發生（T）的『強化因子＝犒賞』」。聽完我的建議之後，S想出了一個「參加外部技術讀書會」的計畫。

S提到自己有一位大學時期的同學，現在也在IT產業工作。他加入了一個交流社群，在這個社群裡頭，大家會一起分享學習最新的雲端技術，以及各個企業的運用案例等。S也打算加入。

這個社群平均每個月會舉辦一次讀書會，時間是平日的晚上。正巧，S所任職的公司正在大幅修正過度加班的問題，因此他評估，只要事先跟客戶和同事表明「這一天我要去參加讀書會」就行了，這樣的話，應該每一場讀書會都能出席。

另外，關於最重要的犒賞方法，S認為和能夠坦誠相見的老朋友定期聚會，趁著讀書會結束後一起喝點小酒，聊聊彼此工作上的狀況和技術問題，就是最好的放鬆。於是，我請他把目標設定為「連續一整年不間斷地出席每個月的讀書會」。

有些人可能會覺得，「一季才參加兩三次讀書會，應該沒什麼效果吧。」不過，S在每一次出席讀書會之前，自己可是下足了工夫。

每一次讀書會舉辦之前，都會先告知參加者「當天主講人」及「主講題目」。S便會把這當成當月的「主題」，利用週末的時間做功課，包括事先調查、瞭解主講人任職公司的相關技術，並針對主講題目做好事前學習準備等。

之所以決定利用假日做這些事，是因為考量到如果需要參考業界雜誌或其他相關書籍，就有時間可以到書店去買。這樣一來，也能蒐集到網路上查不到的情報資訊。此外，一些在通勤途中上網買的書，他也告訴自己「一定要利用週六的時間看完」，這樣就不會因為工作而沒有時間閱讀了。

S表示，像這樣事先做好基本的預習，讀書會上聽完講者的分享之後，就能針對重點提出問題。即便是利用交換名片的短暫時間，也能獲得有用的情報。

為了進一步加深學習效果，S也定期在公司舉辦「內部讀書會」，將自己在外部讀書會前後所得到的雲端相關知識，以及其他公司的研發案例等，製作成簡單的摘要，利用例會上的三十分鐘時間，向團隊成員分享自己的學習成果。因為「不能隨便亂說」，所以這個分享也成了他最好的機會，讓自己的知識能夠更進一步內化。

就這樣經過了一年，S持續不斷達成原先設定的小目標。他表示，自己現在已經比以前更深獲團隊成員的信賴了。

這都是因為他成功為自己建立了「熟悉業界最新技術經理人」的招牌，所以團隊才會如此信任他。

今後，當他面臨更大型的企劃時，或許就是他必須認真學習管理的時候了。

不過到時候，已經掌握率領團隊技巧的他，肯定也能充滿自信地挑戰新的技能。

圖5-4：S的一週學習計畫

■目的：花一年的時間，每個月固定出席雲端相關技術讀書會

	週一 1	週二 2	週三 3	週四 4	週五 5	週六 6	週日 7
7:00							
				上班			
8:00	上班	上班	上班		上班		
				工作確認			
9:00	工作確認	工作確認	工作確認	PTJ 主席開會	工作確認		參加兒子 的社團 活動大會
			整理資料				
10:00	例行會議	工作檢討	和B公司 開設計會議	工作檢討	工作檢討		
11:00	工作檢討				策略會議	外出	
	拜訪A公司	和銷售討論工作	和C討論工作	和E一對一 午餐會			
12:00		午餐	授權作業		授權作業		
	午餐		午餐				
17:00	PM報告 會議	和銷售同事 外出			例行會議	讀書會 事前預習	
					內部讀書會		
18:00		進度確認	和D討論工作	進度確認			
	進度確認		進度確認	整理內部讀 書會的資料	KPT		晚餐
19:00	向總公司報告	雲端相關 技術讀書會	支援進度 落後的 研發企劃				
	下班						
20:00					向總公司報告	晚餐	
					下班		

《S所做的努力》

■騰出時間出席每個月一次的雲端讀書會。

■利用每個星期六準備讀書會的事前預習。

■將讀書會學到的東西整理成資料。

■利用例會中的三十分鐘時間，向社內團隊分享自己的學習成果。

範例5

在無法掌握工作行程的情況下，靠著手機持續學習的K

（任職不動產公司，31歲，男性）

〔踏入學習之前的情況〕

K大學畢業後，在學長的遊說下，進入了大型不動產公司工作。

事實上，K在大學時並不是一個愛念書的人。相對地，他加入了體育系的足球社，每天在球場上揮灑熱血，賣命踢球。也因為如此，球隊學長對他多有肯定和照顧，讓他畢業後很順利地就找到了工作。

不過他坦承，畢業踏入社會之後，漸漸發覺「自己一無是處」。他在公司裡隸屬於業務部，剛開始的兩三年，光是為了要達到業績，就讓他吃盡苦頭。好不容易終於達到業績之後，表現也沒有特別亮眼。和他同期進公司的同事都已經相繼升上課長了，只有他還一直停留在組長階級。

不僅如此，相對於同期的人大多已經擁有宅建士證照，自己卻還沒考上，這一點也令他自慚形穢。

在這種情況下，邁入三十歲的Ｋ，終於下定決心要開始念書，目標是考取宅建士的證照。

一開始他原本考慮要報名補習班，不過由於他的工作型態需要配合客戶的時間，有時候週末也得工作，根本不可能利用週末上課。「既然這樣，乾脆自己念就好。」於是他買了許多參考書，打算自己進修。結果就這樣過了將近一年，參考書幾乎連翻開都沒有。

最後，他來參加我的講座，向我請教自己究竟該怎麼做才好。

〈實際採取的學習方法〉

Ｋ的學習目標十分明確，很快地就在目標設定表上填上「考取宅建士證照」。不過關於期限的設定，卻讓他遲遲下不了筆。因為，他對於自己實際上究竟能夠做到什麼程度的學習，一點把握也沒有。

K的工作十分機動性，幾乎不可能有固定時間用來念書。而且，他也自己分析表示：「我需要有人跟我一起念書，才有辦法努力。如果是我自己一個人，很容易念著念著就丟下書本去玩了。」

這種習慣，或許是受到大學時體育系團隊運動的影響吧。但話雖這麼說，自己一個人住在外面的K，不太可能指望有家人的協助。

考慮到這種情況，最後他決定：「總之先嘗試一個月看看，之後再重新設定期限。」

一開始，我請他無論到哪裡，一定都要隨身帶著之前買的參考書。只要一有時間，哪怕只有三分鐘，也要拿出來讀個一兩頁。

然而，兩個禮拜過去了，他翻開參考書的次數卻僅僅只有三次。一問之下他才解釋：「雖然偶爾會有三、五分鐘的空檔時間，不過很多時候都是在等客戶，根本不可能拿書出來看。」

於是，參考書的部分，我就請他在家盡量找時間看，平時在外就改用手機學習。有一些手機應用程式，例如「オンスク.JP」和「宅建一問一答問題集」等，都可以透過影片教學和問題練習，進行各種資格證照的學習。我請他利用這些應用程式練習考古題，作為學習。

這樣一來，就算等待客戶的時間拿手機出來看，也不會顯得不自然。當然，在通勤電車上或午餐時間，也能隨時用來學習。

我建議K：「反正用手機隨時隨地都能學習，不如就以一天做完三題考古題為目標吧。」我要求他承諾，假使白天只做完兩題，剩下的一題，晚上睡覺前也一定要完成。

我原本以為這對他來說，要求稍嫌嚴厲了點。不過，憑著過去身為運動員的鬥志，他非常嚴謹地遵守規則，絲毫沒有任何懈怠。

另外，我也建議他使用前述123頁介紹過的應用程式「Studyplus」，裡頭有許多和他一樣準備考取宅建士證照的使用者，可以找到一起學習的同伴。而且，偶爾瀏覽學習同伴的情況，也能激勵自己繼續努力。

就這樣，經過一個月後再見到K，他在應用程式學習法方面，已經有很大的進展。但是依舊沒有時間念參考書。

「有時候在家雖然擠得出時間念書，不過因為實在太累了，根本連書都不想碰。」他解釋道。

既然如此，我建議乾脆就放棄參考書。因為他認為：「如果是看手機，而不是參考書，就算再累，還是會忍不住一直看下去。」後來他也告訴我，實際上真的放棄參考書之後，在家念書的時間反而變多了。

到了這個階段，我想他差不多也已經養成學習習慣了。於是經過討論之後，決定將考取證照的期限訂在兩年以內。

雖然我認為他應該一年內就能考取，不過K的態度比較謹慎，覺得「之前因為放慢步伐、沒有壓力，才能順利持續到現在。所以接下來也打算用這種方式一步一步慢慢來」。

看到K的學習狀況，讓我深深覺得，只要善用工具，即便是再忙碌的人，還是可以達到非常充實的學習。特別是對過去沒有學習習慣的人來說，選擇厚重的參考書，有時說不定只是為自己帶來壓力罷了。

K自己也曾感嘆：「看著幾乎念不下去的參考書，就覺得自己很沒用，心情受到打擊。」既然如此，不如善用平時手邊的手機，用放鬆的心情持續學習，對他來說，反而才是最適合的方法。

K現在仍持續努力在準備宅建士的考試，尚未達到考取證照的目標。他是否真的可以「只」利用手機持續學習，順利考取證照，還需要再繼續觀察下去。

不過，如果以養成學習習慣來說，他可以說已經成功了。接下來，我會繼續協助他的「實驗」，也祝福他能夠在兩年內，順利達成目標。

圖5-5：K的一週學習計畫

目的：2年內考取宅建士證照

	週一 1	週二 2	週三 3	週四 4	週五 5	週六 6	週日 7
8:00							
	上班	上班	上班	上班	上班		
9:00	朝會	朝會	朝會	朝會	朝會		
	資料確認	練習考古題			業務課會議		
10:00	電話開發新客戶	拜訪廠商	重新向客戶D提案	整理提交資料		上班	陪同客戶H參加預覽會
					和部長討論工作	影片學習	
11:00	影片學習	電話開發新客戶				新成屋預覽會	
	拜訪客戶A的房子	練習考古題			電話開發新客戶		
16:00			電話開發新客戶				
	整理提交資料	電話開發新客戶					
17:00		與後進討論工作	影片學習				
			向客戶E提新企劃	練習考古題			
18:00		電話營業		和客戶G討論裝潢事宜	※下午休假		
	和B客戶帶看房子	影片學習				影片學習	
19:00		向客戶C提新企劃	和客戶F簽約			順道回公司	
						下班	
20:00	練習考古題		練習考古題			練習考古題	
	整理合約		社內工作				
21:00	下班			練習考古題			
			下班				

《K所做的努力》

■利用工作中的移動和等待的時間，透過手機應用程式進行學習。

■放棄紙本參考書，一有時間就拿出手機抓緊機會學習。

■善用不同的手機應用程式進行「影片學習」和「考古題練習」。

■假日不強迫自己一定要念書。

範例6　要求自己只要看書就好的O

（任職服飾零售業，35歲，女性）

〔踏入學習之前的情況〕

O所任職的公司，是一家以女裝為主的高價服飾製造商，主要銷售據點為百貨公司和商業大樓。

公司內除了設計部、製造部和管理部以外，所有員工幾乎都是第一線的銷售員。O也是其中一人。

她一直以來都是擔任關西地區大型百貨專櫃的店長，不過，在某一年的人事異動中，她被調到東京機場，負責新專櫃店長的業務。

當時由於孩子還小，先生又是個自由文字工作者，因此索性全家一起搬到東京開始新的生活。為此，O充滿了幹勁。

由於從事服飾相關的工作，O自己本身對最新的流行資訊相當瞭解，對海外的時尚潮流也一直保持關注。所以對於新環境的工作，她非常有自信。

不過，實際在東京開始工作之後才發現，店裡不再像以往一樣顧客絡繹不絕，業績一直不見起色。

店裡的主要客群和以前一樣，都是鎖定中高齡女子，因此銷售手法沒有多大的改變。不過在這裡，和顧客都只是表面的交流，沒有辦法進一步深入瞭解對方。

O身為店長，一旦無法交出成績作為表率，有可能因此會失去底下員工對她的信任。針對這個問題的原因，O認為應該是東京的客層比較多元的緣故。

這裡的客人，每個人都有不同的興趣偏好。O覺得自己沒有辦法依照每個客人不同的喜好來推銷自家的服飾。

「我對服裝非常瞭解，也會持續加強自己在流行趨勢方面的知識。但光是這樣還是不夠，我到底缺乏了什麼？」

這個問題讓她非常頭疼，一直找不到一個確切的答案。她以為，自己恐怕必須開拓更多見識才行。抱著這樣的假設，她決定開始朝各方面去學習。

〈實際採取的學習方法〉

以O的情況來說，一開始我們決定姑且先不設定目標。與其隨便設定目標和期限，我要求她先養成學習習慣比較重要。

O首先上網瞭解「哪些人都在學些什麼」，最後發現最多人學習的，是語言和程式設計。但她覺得這些對自己的工作來說，都沒有太大的必要性。所以很快地，她就遇到了瓶頸，不知道接下來該怎麼辦。

她雖然有心學習，卻不知從何下手。於是，我建議她先廣泛閱讀，直到找到「就是這個！」的東西為止。

O過去幾乎不太看服飾以外的雜誌，所以就連「自己可以看什麼書」都不清楚。所以我建議她：「先從暢銷書開始嘗試吧，直到養成閱讀習慣為止。」因為我心想，或許她可以藉著這些閱讀，開啟和顧客之間的話題。

在這個階段，她先在目標設定表上，為自己設定了一個目標：「每個月一定要看完一本書店平台上擠進一週暢銷榜當中的暢銷商管書。」

一旦慢慢養成閱讀習慣之後，就會想一本接著一本不停看下去。O也是，一開始幾乎看不下去，但經過兩個月之後，已經一個星期可以讀完兩本書了。

以前哄完孩子睡著之後，她都得打起精神告訴自己「好，該看書了」。後來漸漸地，她變成「還想再多看一點」，就連通勤和午餐時間，也捨不得把書放下。

從開始嘗試閱讀到現在，已經一年多了，O仍持續保持閱讀的習慣。最近除了商管書以外，她也會看一些小說和興趣書籍，閱讀範圍變得更廣泛了。她大多是趁著帶小孩外出散步時，順道到圖書館借小說來看。上圖書館讓她認識了更多不同的書，眼界變得更寬廣了。

有趣的是，她表示，隨著閱讀習慣的養成，和顧客之間的交流也變得愈來愈順利了。並不是她特別和顧客聊到閱讀相關的話題，恐怕是因為閱讀開拓了她的見識和知識，讓她變得更有自信的緣故吧。

O到現在還尚未找到「自己要學的就是這個！」的東西。不過，她覺得這一點也不要緊，目前這樣也不錯。

我也認同她的看法，因為，她店裡的業績如今已經獲得提升了。既然已經看見成果，就表示至少持續透過閱讀學習是值得的。

圖5-6：O的一週學習計畫

■目的：每個星期看完兩本商管書，以增加見識

	週一 1	週二 2	週三 3	週四 4	週五 5	週六 6	週日 7
8:00							
	上班、閱讀	上班、閱讀	上班、閱讀	※休假	上班、閱讀	※休假	上班、閱讀
9:00	行政工作	行政工作	行政工作		行政工作		行政工作
	朝會	朝會	朝會		朝會		朝會
10:00		接待顧客		做家事			
11:00	接待顧客		接待顧客		回總公司開會	帶小孩外出散步，順道上圖書館	接待顧客
		午餐					
12:00		閱讀					
				午餐	店長午餐會議		
13:00	午餐	接待顧客	午餐	閱讀		午餐	和C店員討論
	閱讀			逛書店	移動、閱讀		午餐
19:00		接待顧客			和A店員討論		
	接待顧客	盤點庫存	接待顧客	準備晚餐、做家事	和B店員討論	準備晚餐、做家事	接待顧客
20:00		下班			接待顧客		
		閱讀					
21:00	盤點庫存		盤點庫存		盤點庫存		盤點庫存
	確認銷售數字		確認銷售數字		確認銷售數字		確認銷售數字
22:00	下班						
				洗澡、閱讀			

《O所做的努力》

■利用通勤和午餐時間，養成短暫空檔也能看書的習慣。

■每個星期利用休假逛書店和圖書館，瀏覽最新的刊物。

■有空的時候，連泡澡也帶書進去看。

終章

持續終生學習的十五個心得

以上介紹了這麼多養成學習習慣的理論和實踐案例，終於進入最後一章了。讀到這裡，假使各位莫名地覺得「自己好像也辦得到」，那就是我最樂於見到的效果了。

最後，我要為各位統整今後在持續學習的人生道路上，最重要的心態和行為習慣，作為我送給各位的支持和鼓勵。

無論學習計畫設計得再周全，多少還是會有進行得不順利的時候。以下十五個心得，可以讓各位在面臨這種情況時，能夠不受挫折地重新再開始。因此，請各位一定要謹記在心。

心得1

偶爾遠離手機

若是問現在的商務人士，何以無法專注在工作上？得到的答案大多會是「因為花太多時間在檢查e-mail」、「本來只是想找資料，結果卻逛起網路來了」等。

善用電子工具雖然有助於提升學習效率，不過，千萬不能讓自己被這些電子工具給牽制了。當各位想專注在某項事物上的時候，必須讓自己處在一個無法連接網路的環境中。

有時候，我會刻意不帶手機出門，就這樣到咖啡店花大約半小時的時間，一面品嘗美味的咖啡，一面處理需要全神貫注的案件，完成之後再回家。

回到家後，通常手機裡都會有兩到三通的未接來電或e-mail。其中即便有重要事件，只要這時候再立即回覆處理，通常都不會有太大的問題。什麼「手機要是沒有隨時帶在身邊，事情就會被耽擱」的說法，根本是無稽之談。

心得2 讓自己處在「馬上就能進入學習」的狀態

如果想讓自己隨時隨地、馬上就能進入專注學習的狀態，必須隨身準備好學習工具，方便隨時取出就能開始學習。

以電腦來說，必須找地方開啟才能學習。光是這一點，執行的難度就一下子增加不少。在週末等可以靜下來好好學習的時間，電腦也好，厚重參考書也好，只要是必要的，都可以盡量使用。不過相對地，也要事先想好在通勤電車上或咖啡店等零碎時間的學習，該怎麼做會比較適合。最好可以準備好一套「學習用具」，方便隨身攜帶，從公事包裡取出來就能開始學習。

如果行為設計做得夠確實，應該可以事先知道「自己今天會在哪裡、花多久時間學習什麼」。不妨就根據這些，將必要的工具事先準備好。

我對於公事包也很講究，平時大多使用托特包。因為這種款式的提袋，無論是看到一半的書，或是想讀的資料等，隨手一拿就能方便取出。

心得3 平時不斷累積「無須勉強、輕鬆就能做到的事」的成功體驗

不只是學習，包括工作在內，表現好和表現不好的人之間，在能力上其實沒有太大的差距。不過，兩者之間卻可以看出在小習慣上的差異。

表現好的人，通常都不會勉強自己。他們會有自知之明地略過超乎自己能力的事，明確地找出「只要稍微努力就能達成的事」來挑戰，藉此不斷累積成功經驗。

一旦培養出「我辦得到」的自信，就算是再困難的全新挑戰，也不以為苦，可以放輕鬆、用平常心去面對。正因為有這種態度，所以才會成功。

上健身房使用健身器材也是一樣，有些人會替自己設定過高的難度，做得氣喘如牛。事實上，這類型人由於沒有做到正確的行為設計，結果不僅可能會對身體造成傷害，也不可能養成運動習慣。學習也是一樣，應該更聰明地去面對才行。

心得4

一開始別太拚命

一旦決定要做，就會拚命去做。這是人的天性。

不過，就像「拚命」字面上的意思，一開始就以命相拚，到後來就沒有命可以用了。所以，如果一開始就太拚命，接下來將會非常辛苦。

就算覺得既然要做、就要做出成績，但因為已經拚了命去做，接下來自然不可能做得更好。既然如此，至少要做到讓自己一直維持在拚命的狀態。但這根本不可能，不管怎麼努力，最後一定會缺乏鬥志，變得虎頭蛇尾。

也就是說，學習究竟會持續見效，還是變得虎頭蛇尾，一切的關鍵就在於一開始。

清楚這個道理的人，一開始都會刻意壓抑幹勁，先觀察自己的狀況。等到覺得從客觀的角度來看「應該可以再增加一點困難度」，這時候再稍微努力就行了。簡而言之，一開始的時候，用乍看之下似乎沒什麼把握的方式去做就行了。

心得5

妥善地排解負面情緒

人類自古以來就是以自我生存為首要目的，所以很容易感到不安，會時時刻刻小心提防著外敵的襲擊。

面對學習也是一樣，只要一不小心，就會陷入負面情緒當中。例如「反正我一定辦不到」、「我註定會失敗」等。

不僅如此，人類也是一種會和自己心靈對話的生物。據說人平均一天會在心裡對自己說出七萬個負面字眼。

如果不想讓這些負面情緒影響到自己，在學習之前，不妨先調整一下心態。最簡單的方法就是深呼吸，而且還要計算次數，藉此消除心裡的雜念。

先深吐一口氣數1，再深吸一口氣數2，再深吐一口氣數3，深吸一口氣數4……用這種方式連續數到20，心情應該就會自然平靜下來了。

心得6

保持高度的「自我效能」

人對於覺得「我應該辦得到」的事情，最後通常都能做到。相反地，如果覺得「我可能辦不到」，最後一定都做不到。這種「我應該辦得到」的念頭，在心理學上稱為「自我效能」（self-efficacy）。

一般來說，以下四個要素可以更容易激發自我效能的產生。

1自身的成功體驗＝過去在相同事物上有成功的經驗。

2他人的經驗＝看到他人的成功，覺得自己也辦得到。

3言語上的說服＝雖然沒有自信可以成功，不過旁人都說：「你一定辦得到！」

4生理或情緒上的狀態＝成就感和喜悅帶來的變化。

各位不妨可以利用自己的成功體驗，或是身邊的支持，提高自己的自我效能。

心得7 透過數據思考各種現象

我們從小就被用分數來評斷考試成果，所以自己可以很明確地知道「我的理科分數比數學好」，或是「最近社會科的成績有點退步了」等。

但是出了社會之後，評價卻突然一下子變得不清不楚，因此造成我們不知道自己究竟有了哪些成長，或是在哪些方面有待加強。

這是很可怕的一件事，會認定自己「和其他多數人一樣評價不明」，甚至連今後自己該學習什麼，也會很容易感到迷失。

除了面對自己的成績和工作技術，針對公司狀況或社會潮流等做評判時，最好都要跳脫這種習慣，不要再做出曖昧模糊的結論。從平時就要養成習慣，無論面對任何事物，都要透過數據來思考。

心得8

保持優質的睡眠

有清晰的頭腦，才有可能做到有效的學習。所以平時就要保持良好的睡眠品質。

睡眠講求的是品質，而不是時間長短。各位最好先瞭解自己是否擁有優質的睡眠。

大家都知道，睡眠又分為大腦處於休息狀態的非快速動眼期，以及類似清醒狀態的快速動眼期。不管睡了多久，在快速動眼期醒來，整個人會覺得神清氣爽。相反地，在非快速動眼期時硬是被吵醒，整個人會昏昏沉沉的，感覺就像「沒睡飽」一樣。

現在市面上有許多「睡眠監測器」，只要穿戴在手上或放在枕頭下，就能監測自己的睡眠狀態。有些穿戴裝置甚至還能掌握使用者睡眠時的翻身等動作，在快速動眼期時把人叫醒。各位不妨可以利用這些工具來提升自己的睡眠品質。

心得9
從事耐力運動

跑步、游泳、騎自行車、健走等，這些不斷重複單一動作的運動都稱為「耐力運動」。

耐力運動只要稍有空閒時間，隨時隨地都能進行。而且不需要困難的技術，可以放空腦袋重複動作，因此被認為和冥想有類似的效果。

平時養成耐力運動的習慣，不但有助於調整心情，也能提高學習的專注力。

另一方面，籃球、棒球、足球等團隊運動，則具備和隊友同心協力一起面對比賽的樂趣。如果想排解壓力，可以多多從事這類的運動。

有健康的身心，才能持續學習。各位記得要多活動身體，千萬別一天到晚窩在書桌前。

心得10 擺脫「要不就不做，否則就要做到最好」的想法

各位千萬不要再堅持凡事都要分個「非黑即白」了，因為這世上多半的事物，其實都是處於灰色地帶。

「如果沒有做到最好，等於沒做一樣。」這種偏激的想法，將會成為學習上的一大阻礙。

舉例來說，有時候「本來決定要念兩個小時，結果十五分鐘就念不下去了」，只達到原先計畫的12.5%而已。這麼說，難道這12.5%就毫無意義了嗎？當然不是！比起什麼都沒做，12.5%已經確實邁出腳步了。

當然，如果能達到100%是最理想，不過事實上，人很難完全依照計畫去行動。就算沒有遇到任何阻礙，偶爾提不起勁，也是很正常的現象。

這種時候，就算只念了十五分鐘也沒關係。要告訴自己，這十五分鐘同樣具有它的意義。因為就算只有一步，只要開始行動，都遠勝過原地不動。

心得11

先做「非做不可的事」

無論任何工作，都有「非做不可的事」，和「不做也行、但最好要做的事」。

對於忙碌的第一線兼任管理職的人來說，最該優先處理的工作，是「非做不可的事」。只是，這類工作大多不簡單，因此多數的人很容易就先做了「不做也行、但最好要做的事」。但事實上，這些事有時候其實可以交由他人去完成就行了。

如果像這樣放著「非做不可的事」不做而持續拖延，結果只會讓時間壓力變得更大，逼得身為第一線兼任管理職的自己喘不過氣來。

在這種狀態下，永遠都不可能有時間專心學習。要避免這種狀況發生，最好平時就養成習慣，先從「非做不可的事」開始處理。

各位不妨捨棄優先順序的方式，改以劣後順序來考慮，在一開始就先放棄不必做的事。

心得12

坦然面對不安的真正原因

在持續學習的過程中，偶爾也會感到各種不安。例如「會不會都已經這麼努力了，最後還是沒有成果」、「會不會到頭來失敗了」等。

這種時候，不妨就坦然面對這些不安，不要逃避。因為若是放任這種不確定的心情不管，只會讓它變得愈來愈嚴重。

假設學習進度比原先計畫落後，如果只知道「進度落後了」，很有可能會因此覺得「完蛋了，已經失敗了」。不過，如果能夠透過數字，清楚掌握實際上究竟落後多少，再進一步重新找時間分配學習，就會知道「其實自己還是辦得到」。

一般人的不安，多數都看似很嚴重，但其實幾乎都可以解決。因此，感到不安的時候，不要只是擔心害怕，必須清楚地認清不安的背後原因。

心得13 先別急著「為了將來好」

今後的商務人士，面對瞬息萬變的商業環境，都必須想辦法讓自己生存下來。這時候，終生持續學習就成了必要的任務。如果只是為了考取證照而一時努力，考上之後就從此鬆懈不學習，這樣是行不通的。

各位千萬不能將學習視為一種「苦差事」。

原本個性就努力、充滿毅力的日本人，很容易朝著「為了十年後的日子，只能犧牲現在的生活」的方向去思考。我知道實際上有些人真的「在五十歲以前，腦子裡只有工作和學習」，完全沒有任何興趣，生活只剩拚命努力。實在讓我有些擔憂。

十年後的各位，並不是突然出現，而是踩著每一個「今日」，一路走到十年後。如果今天覺得生活痛苦，說不定十年後也會同樣感到痛苦。不要再用悲壯的決心去面對將來了，各位需要的，是用快樂享受當下的態度，將學習融入在生活中。

心得14

別成為「正面思考」的崇尚者

日本社會有著根深柢固的「正面思考」傾向。從世界的角度來看本來就不屬於樂天民族的日本人，對於「正面思考」這個說法，或許都存有憧憬吧。因此在不覺間，我們都被困在「無論任何事都必須正面思考」的觀念中而無法擺脫了。

不過事實上，無論是正面思考或負面思考，都不過是人天生的性情。當下無論思考偏向何者，都沒有對錯可言。

持續學習當然也需要正面思考，但沒有必要強迫自己一直保持這種狀態。人本來就是喜歡偷懶、討厭麻煩又愛煩惱的生物。若是勉強自己改變這種天性，反而會引發憂鬱症等更嚴重的問題。

心得15
承認多元價值觀

讓忙碌的第一線兼任管理職人員感到痛苦的原因之一，就是擁有「像外星人一樣不知道在想什麼的下屬」。只要對他們說話稍加嚴厲，馬上就會受挫而退縮，做不好就辭職不幹。而且比起工作，他們更重視個人生活，也不認同現在第一線兼任管理職人員的工作方式。站在教導的立場來看，有時候這並不是一件令人愉快的事。但各位千萬不要因為這樣就感到心煩意亂。

說到底，之所以會對人感到不耐煩，都是因為不肯承認對方和自己不同的價值觀。這種心態對於在國際企業長期工作下去來說，將會非常不利。

不僅如此，如今企業的運作雖然是以第一線兼任管理職的人為主，不過，帶動將來日本經濟的人，其實是這些年輕人。總有一天，他們的工作方式會成為標準。既然如此，現在不妨就抱著向外星人多多請教的心態來面對他們吧。這也是一種非常重要的「學習」呢。

打造年過40仍是「公司不可或缺的人才」價值的學習的技術
/ 石田淳作 ; 賴郁婷譯. -- 初版. -- 臺北市 : 春天出版國際,
2020.04　面；　公分. -- (Progress ; 8)
譯自 : 40歳を過ぎても「会社に必要とされる人」でいるための学ぶ技術
ISBN 978-957-741-263-8(平裝)
1.自我實現 2.職場成功法
177.2 109003920

打造年過40仍是「公司不可或缺的人才」價值的

學習的技術

40歳を過ぎても「会社に必要とされる人」でいるための学ぶ技術

Progress 08

作　　者◎石田淳
譯　　者◎賴郁婷
總 編 輯◎莊宜勳
主　　編◎鍾靈
出 版 者◎春天出版國際文化有限公司
地　　址◎台北市信義路四段458號3樓
電　　話◎02-7718-0898
傳　　真◎02-7718-2388
E－mail◎frank.spring@msa.hinet.net
網　　址◎http://www.bookspring.com.tw
部 落 格◎http://blog.pixnet.net/bookspring
郵政帳號◎19705538
戶　　名◎春天出版國際文化有限公司
法律顧問◎蕭顯忠律師事務所
出版日期◎二〇二〇年四月初版
定　　價◎290元

總 經 銷◎楨德圖書事業有限公司
地　　址◎新北市新店區中興路2段196號8樓
電　　話◎02-8919-3186
傳　　真◎02-8914-5524
香港總代理◎一代匯集
地　　址◎九龍旺角塘尾道64號 龍駒企業大廈10 B&D室
電　　話◎852-2783-8102
傳　　真◎852-2396-0050

ISBN 978-957-741-263-8